KB134024

경청의 인문학

SHIKORYOKU NO HOHO - 'KIKUCHIKARA' HEN

Copyright © 2015 Shigehiko Toyama
Korean translation rights arranged with Sakurasha Publishing
through Japan UNI Agency, Inc., Tokyo and ERIC YANG AGENCY, Seoul.
Korean Translation Copyright © 2019 by BULL MEDIA GROUP Inc.

도야마 시게히코 지음 ㅣ 신희원 옮김

| 귀 기울여 경청하는 일은 사람 마음을 얻는 최고의 지혜이다 |

경청의 인문학

황소북스

경청의 놀라운 힘

여러분은 '영업'이라고 하면 어떤 이미지가 떠오릅니까. 저는 가장 먼저 화려한 언변이 떠오릅니다. 하지만 영업맨 중에서도 가장 선두를 달리는 사람은 의외로 말수가 적고 소심한 사람이 많다고 합니다. 보통 사람의 상식과는 정반대인 셈입니다.

어떻게 말도 많이 하지 않고 높은 실적을 쌓았는지 물어보면 "그냥 상대방이 하는 말을 열심히 들었다"고 말합니다. 듣고 어떻게 했냐고 재차 물으면 "여러 번 찾아가서 상대방이 하는 말을 듣다 보면 무엇을 원하고 무엇이 필요한지 알 수 있다"고 합니다. 상대방이 원하는 것과 필요한 것을 알았다면 게임은 끝났습니다. 슬그머니 상대방이 원하는 것만 내밀면 계약은 떼놓은 당상입니다. 그야말로 경청이 밥 먹여주는 셈입니다.

경제나 경영학을 공부하는 학생이나 회사원이라면 '니즈(needs)'라는 단어를 한 번쯤은 들어봤을 것입니다. 소비자의 니즈를 파악하고 충족해야 한다고 귀에 못이 박이도록 듣지만, 정작 방법도 모르겠고 실천하기도 어렵습니다. 비결은 그저 상대방의 이야기에 귀를 기울이는 '경청'에 있는데도 말입니다. 그만큼 우리는 경청의 힘을 모르고, 혹은 무시하고 살아갑니다.

이번에는 학교 교실을 떠올려볼까요. 선생님은 학생들이 이해할 수 있도록 교과서의 내용을 읽고 설명합니다. 그리고 매년 수능 만점자는 그 비결을 "학교 수업 시간에 선생님 말씀 잘 듣고 교과서를 중심으로 공부했다"고 말합니다. 또 다른 예를 들면, 옛날 사법 시험 합격자 중에는 강의를 녹음한 테이프를 반복해 들으면서 내용을 외우고 이해했다는 사람이 적지 않습니다. 여기서도 잘 듣기, 곧 경청의 중요성을 알 수 있습니다.

또 아기가 말을 익히는 과정은 어떤가요. '엄마, 아빠'라는 첫 한마디를 떼기 위해 주변 어른들이 온 마음을 모아 아기한테 '엄마, 아빠'라는 말을 들려줍니다. 그 이후의 말도 주변에서 들리는 모든 말을 흡수해 자기 것으로 만들고 나서야 비로소 입으로 터져 나옵니다. 엄마, 아빠의 말을 경청하는 시간 없이 아기는 결코 스스로 말할 수 없습니다.

　하지만 오늘날 우리는 어떻습니까. 글이 조금만 길어지면 책장을 덮어버리거나 스마트폰의 스크롤을 쉬이 내려버리고, 이야기가 조금만 길어지면 집중해서 듣지 못하고 딴청을 피웁니다. 아기한테는 다정한 부모의 목소리로 이야기를 들려주기보다 쉽게 스마트폰을 쥐여줍니다. 그러고는 서로 더 큰 목소리로 자기 이야기만 하려 합니다.

　이렇게 우리는 점점 '잘 듣는 힘'을 잃어가고 있습니다. 조금만 잘 들으면 금세 알아차릴 수 있는 보이스피싱에 속는 것도 어쩌면 타인의 말을 귀 기울여 듣는 습관이 없기 때문인지도 모릅니다. 정보 과잉의 시대에서 거짓 정보를 가려내고 진주 같은 진짜 정보를 찾아내기 위해 지금부터라도 경청하는 힘을 길러야 합니다. 이 책의 저자 도야마 시게히코는 언어의 각 분야를 자연의 서열대로 두면 듣기→말하기→읽기→쓰기 순이라고 말하며, 일그러진 문자 신앙에서 벗어나 잘 듣고 이해하는 경청의 중요성을 역설합니다.

　일상 속 언어생활의 40퍼센트가량을 차지하는 듣기. 우리는 과연 얼마나 잘하고 있을까요. 잘하지 못한다면 얼마나 노력하고 있습니까. 노력은커녕 '듣기는 귀만 있으면 다 할 수 있는 것 아냐?' 하고

경청의 인문학

생각하지는 않는지요. 이 책은 귀 기울여 듣는 경청의 중요성을 모르는 사람에게는 그 중요성을 일깨우고, 이미 중요성을 아는 사람에게는 잘 들을 수 있는 귀의 힘을 기르는 아이디어를 제시합니다. 경청할 수 있으면 더 많은 지식과 지혜를 얻고, 업무에 필요한 니즈를 파악하기도 쉽습니다. 그뿐 아니라 언어의 네 영역 중 그 시작인 듣기 능력을 경청하는 수준으로 끌어올리면 저절로 다른 영역의 커뮤니케이션 능력도 향상되리라 믿습니다.

모쪼록 이 책이 경청의 즐거움과 기쁨에 발을 담그는 기회가 되길 기원합니다.

2019년 3월 신희원

contents

004 · 옮긴이의 글 경청의 놀라운 힘

The Power of Listening
 01 '듣기'가 총명함의 시작

017 · 강연은 들어야 하는 것
020 · 귀 바보의 사회
025 · 사라진 귀동냥
028 · 귀로 생각한다
032 · 본격적 강의
035 · 필기하지 않는다
040 · 방언이 사라지면 나라가 망한다
046 · 잘 분별해서 듣는 귀
050 · 귀의 능력
053 · 귀는 똑똑하다

The Power of Listening

02 사고의 깊이를 더하는 '듣고 말하기'

059 · '읽고 쓰기' 전에 '듣고 말하기'

063 · 귀로 들은 말이 사고를 지탱한다

067 · 40개월의 암흑

070 · 귀를 키운다

075 · 느긋한 사람의 귀 훈련

078 · 웃음은 지적이다

082 · 마음의 양식은 귀로부터

087 · 3분 스피치

091 · 말을 잘하는 사람은 대물이다

095 · 문자 신앙에 사로잡히다

The Power of Listening

'읽고 쓰기' 중시의 함정

103 · 음독과 묵독

107 · 언어 교육의 난점

112 · 아는 내용 읽기, 모르는 내용 읽기

116 · '읽고 쓰기' 편향 교육

120 · 작은 언어

124 · 말하지 못하는 선생

130 · 그리스형과 중국형

133 · 추천 입학의 맹점

138 · 정직하지 못한 언어

142 · 쓰기는 어렵다

148 · 글로 쓴 것에는 거짓이 있다

The Power of Listening

04 올바른 언어생활

155 · 말의 거리 감각

160 · 마주하려 하지 않는다

165 · 악마의 언어

170 · '코끼리는 코가 길다'라는 큰 문제

173 · 그녀

178 · 높임말을 향한 편견에 한마디

180 · 경원하는 마음

186 · 명령형을 싫어한다

190 · 번역이라는 것

194 · 끝없이 이어진다

196 · 단락을 알 수 없다

200 · △형과 ▽형

contents

The Power of Listening

 앎이 되는 '듣고 말하기'

207 · 말의 서고동저

212 · 사고를 낳는 것

216 · 귀가 약하면 곤란에 처한다

218 · 생활의 식견

224 · 남편은 건강하고 집에 없어야 좋다

229 · '듣고 말하기', '읽고 쓰기' 생활

233 · 사고력의 원천

사고력의 원천은
눈과 머리로
생각하는 것이 아니다.
귀로 판단하고
입으로 정리해
사고로
연결 짓는 짓이
새로운 앎의 방법이다.

The Power of Listening · 01

'듣기'가 총명함의 시작

• • • • • •

강연은 들어야 하는 것
귀 바보의 사회
사라진 귀동냥
귀로 생각한다
본격적 강의
필기하지 않는다
방언이 사라지면 나라가 망한다
잘 분별해서 듣는 귀
귀의 능력
귀는 똑똑하다

강연은 들어야 하는 것

어느 방송 기자가 대학교수와 세상 이야기를 나누고 있었다. 그중 한 사람이 "요즘 '공원'에 가는 사람이 늘었죠" 하고 말했다. 상대방은 "그렇죠" 하고 응한다.

"낮보다 밤에 사람이 더 많은 것 같지 않나요?"

"네? 밤에요?"

점점 이야기가 산으로 흐르다 겨우 이유가 밝혀졌다. 한 사람은 공원으로, 다른 한 사람은 강연으로 이해했던 것이다. [공원(公園)과 강연(講演)은 모두 일본어로 '고우엔'이라고 발음하는 동음이의어다–옮긴이.]

동음이의어가 매우 많은 일본어에서는 이러한 실수가 드물지 않지만, 그 때문에 서로 대화를 나눌 때 머리를 많이 써야 한다. 어려운 말을 입 밖에 내지 않고 중요한 내용을 글로 쓰는 습관은 자연스러운 귀결이라고도 할 수 있다.

강연은 1960년대 초반 들어 높은 경제 성장과 궤를 함께하며 많아졌다. 전쟁에서 패하기 전에는 강연 따위는 듣고 싶어도 거의 없었다. 하지만 실적 좋은 기업이나 선거를 앞둔 지자체의 수장 등이 일반인을 대상으로 공개 또는 무료 강연을 열기도 했다.

문화 강연임에도 재미있는 이야기를 할 수 있는 강사가 한정되어 있어 지루함을 느낄 경우가 있다.

물론 청중에게 강연을 경청하는 마음가짐 따위가 있을 리 만무하다. 듣고 있기만 해서는 안 되는 것 아닐까. 그렇게 생각한 때문인지 메모하는 사람도 많다. 특히 여성이 그렇다.

신문 기자도 강연을 들은 적이 없으니 메모하는 사람들을 보고 "열심히 메모하는 모습을 볼 수 있었다"는 기사를 쓴다.

부끄러운 무지다. 강연은 들어야 하는 것. 메모하는 행동은 잘못된 것이라는 사실을 모르니 어쩔 수가 없다.

책은 계속해서 읽을 수 있는 사람이 강연이라고 하면 금세 졸기 시작한다. 듣는 것을 읽는 것만큼 훈련받지 않았기 때문이다. 아니, 듣는 훈련 따위는 받은 적조차 없다.

이야기를 듣는 것은 고단하다. 주의해서 듣고 있자면 금세 피곤해진다. 요즘은 한 시간 동안 조용히 들을 수 있다면 일단 합격이다.

두 시간 동안 들을 수 있으려면 강연자가 상당히 이야기를 잘하는 것이다. 보통은 긴장이 풀리고 만다. 좋은 청중은 적다. 반응도 나쁘다. 재미있는 이야기도 지루해한다.

청중이 똑똑해진 건지 근래에는 메모하는 사람이 점점 줄고 있다. 더불어 강연도 줄어들었다.

강연하는 사람도 이야기를 잘하지 못하고 듣는 사람도 듣는 방법이 서투르다. 이 두 가지 문제가 어울려 강연 문화는 고사했다.

도쿄 근처에 있는 한 공립 고등학교에서 강연 의뢰가 들어왔다. 뜻있고 희망하는 학생 100명에게 강의를 듣게 하고 싶다면서 말이다. 그 학교는 상식과 동떨어져 있고 당장 눈앞의 일, 자기 일밖에 생각하지 않으므로 그런 의뢰가 실례인 줄도 모른다.

'당신 이야기는 재미있지 않으니 흥미 있는 학생들에게만 듣게 하겠다. 전교생이 듣는 것은 좀 더 훌륭한 강연자에게 의뢰하겠다'는 식으로 해석할 수도 있다는 사실을 모르는 것이다.

거절할 요량으로 답장을 썼다. "듣고 싶어 하는 학생들에게만 이야기하는 데는 관심 없습니다. 듣고 싶어 하시 않는 학생들한테 이야기하는 게 훨씬 의욕이 납니다"라고.

학교 측에서는 어찌 대응해야 할지 고심하는지 한동안 아무 연락이 없었다. 잊고 있을 무렵 연락이 왔다. 전교생이 듣기로 했다며 말이다. 오히려 내가 난감해졌다. 거절할 생각으로 던진 말이 빗나간 것이다. 이제 와서 하지 않겠다고 할 수도 없는 노릇이었다.

귀 바보의 사회

학교는 전교생이 듣도록 하겠다는 마음을 다 떨쳐버리지 못했는지 졸업생이 학교에 오지 않는 3월 이후에 1, 2학년 학생들을 대상으로 강연을 열겠다고 했다. (일본의 고등학교는 3월 중하순에 졸업식을 하고 4월에 새 학기를 시작한다-옮긴이.) 어쨌든 전교생은 전교생이니 가지 않을 수 없었다.

학교가 희망자에게만 듣도록 하는 외부 강사의 강연을 생각하는 이유는 학생들이 다른 사람의 이야기를 잘 듣는 힘을 갖고 있다는 데 자신감이 없기 때문이다. 희망하는 학생이라면 어른스럽게 잘 들으리라 생각하는 것이다.

비단 이 고등학교만의 생각이 아니라, 대부분 고등학교가 비슷한 약점을 갖고 있다.

조금 오래된 이야기인데, 시인 니시와키 준사부로(西脇順三郎)가 야마나시현의 한 명문 고등학교에서 강연을 한 적이 있다.

왜 대시인(大詩人)에게 강연을 부탁하는 걸까. 교사가 어리석고 뭘 모르기 때문이다. 시인은 위대하고, 대시인은 더욱 위대하다. 위대한 사람의 말은 가치 있고 재미있으니 학생들에게 도움이 되리라 생각한 것이다.

하지만 짐작이 틀렸다. 시인은 고등학생만 생각하고 시를 쓰지 않는다.

'대시인은 유익하고 재미있는 이야기를 할 수 있겠지'라는 착각을 한다. 한두 명이 아닌 모든 교직원이 그런 현실성 떨어지는 말을 믿고 강사를 고른 것이다. 옛사람들이 "선생이라 불리는 자만큼 바보는 없다"라는 폭언을 내뱉은 것은 꽤 의미심장하다.

대시인이 별생각 없이 대충 나간 것은 당연하다. 무슨 이야기를 할지 정했을지 모르지만, 아마도 어떻게든 이야기만 하면 된다고 생각하고 강단에 오르는 모습이 떠오른다.

필자는 니시와키 선생으로부터 2년 동안 중세 영문학과 중세 영국 시인 초서(Chaucer)에 대해 가르침을 받은 터라 이 천재에 대해 얼마간 알고 있으며 그를 깊이 경애해왔다. 그러니 시인이 야마나시까지 강연을 하러 간 것은 불행이라는 생각이 떠올랐다.

강단에 선 니시와키 준사부로가 무엇을 이야기했는지는 분명하지 않다. 하지만 전교생이 시끄럽게 떠들었음은 분명하다. 전쟁 후의 민주적인(?) 교사는 떠드는 학생을 질책하거나 제지할 힘이 없었다. 자유를 억압하는 것은 좋지 않다며 방관할 뿐이었다.

시인은 결국 화를 냈다. 이야기를 중단하고 강단을 내려왔다.

실로 통쾌하다. 재미있는 소문이 퍼져서 그 정도로 명문이 아닌 학교는 일찌감치 외부 강사를 불러 강연하는 바보짓은 하지 않을 거라고 생각했다.

모교인 중학교(지금은 고등학교로 바뀌었다)에서 '창립 50년을 맞이해 졸업생으로서 학생들에게 이야기를 들려주었으면 한다'며 강연 의뢰가 들어왔다. 교장은 과는 다르지만 대학 동기여서 필자와 막역한 사이였다.

안타깝게도 요즘 학생들에겐 다른 사람의 말을 듣는 힘이 없다. 20~30분만 지나면 떠든다. 부끄러운 이야기지만 동문이니 넓은 아량으로 이해해줬으면 좋겠다며 솔직하게 털어놓고 부탁했다. 그 우정이 고마워서 학생들은 생각하지 않고 강연을 수락했다.

역시 사전에 주의를 준 덕분인지 생각보다 분위기가 좋았다. 어쩌면 이야기를 잘해서 그런 게 아닌가 하는 자만심이 고개를 들었다.

그런데 30분 정도 지나자 주위가 어수선해지고, 조금 더 지나자 여기저기서 떠들기 시작했다. 역시 안 되는구나. 낙담해서 이야기를 끝맺고 쓸쓸히 돌아왔다.

시간이 흘러도 마음이 개운하지 않았다. 우연히 의뢰받은 잡지 에세이에 그에 대한 푸념을 썼다.

잡지가 나오고 꽤 지나서 한 학생으로부터 편지를 받았다.

"그 에세이는 저희 이야기지요? 부끄럽습니다. 조금 더 듣는 힘을 가진 사람이 되고 싶습니다." 기특한 글이었다.

이렇게 오늘날의 고등학생은 '귀 바보'가 되었다. 고등학교가 그렇다면 중학교나 소학교(초등학교-옮긴이)는 더욱 심하다. 강연을 듣는 특이한 취향을 지닌 학교가 사라지고, 그게 마치 진보인 것처럼 착각한다.

조용히 다른 사람의 말을 경청하지 못하는 것은 본인의 문제다. 하지만 그들이 자기 혼자서 멋대로 귀 바보가 된 것은 아니다. 주위에서 그런 사람으로 키웠기 때문이다.

각 가정이 잘못되었다. 학교도 구식의 교육에 사로잡혀 있다.

우리의 귀는 정말로 중요한 것을 듣고 머리에 넣는 힘이 약해져 있다. 사고의 흐름에 잘 따라가지 못한다.

아주 잘 정리된 이야기를 들어도 나중에 인상이 남지 않는다. 단지 전체적인 느낌으로 재미있다거나 지루하다며 문제를 삼는다.

아무리 물을 부어도 모두 흘러내리는 소쿠리 같은 청각이다. 아울러 그런 사실을 우리는 거의 의식하지 않는다.

세상은 지적인 것에 둔감해져 있다는 사실을 자각할 능력을 잃어버렸다.

필자는 미카와(아이치현 중동부─옮긴이)라는 시골구석에서 자랐는데, 소학교 4학년 때까지 살던 인구 8000명 남짓의 동네에는 메이지 시대 이래로 대학에 간 사람이 없었다. 괴짜라 불리던 잡화만물상 아저씨가 아들을 타이베이의 제국대학에 보내려고 해서 동네 사람들의 입방아에 올랐다.

동급생인 A는 공부를 좋아했다. 당시는 보통소학교 위에 고등과가 있어 보통고등소학교라고 불렀다. 그 고등과에 가고 싶었지만 그러려면 매달 수업료를 내야 했다.

아마 20전 정도였는데 농가에서 자식을 고등과에 보내면 그만큼 생활이 넉넉하다고 생각해서 주민세 같은 게 덩달아 올랐다. 일단한 번 오르면 내릴 줄 모른 채 계속 그대로 내야 했다. 아버지가 그건 곤란하니 마음을 접으라며 사정하자 A는 그대로 단념했다. A는 6년 만에 졸업을 하고 교직의 길로 나섰다.

하지만 A는 향학열을 잃지 않고 독학으로 얼마간의 학문 지식을 익혀 동네의 만물박사가 될 수 있었다. 늘 "그래봐야 귀동냥인데요" 하고 겸손하게 말했지만, 인간적으로는 눈으로 보고 배운 사람보다 뛰어났을지 모른다.

사라진 귀동냥

'귀동냥'이라는 표현은 귀로 들을 뿐 정말로 학문을 배울 리 없다는 울림을 포함한다. 사전을 찾아보면 "스스로 배우지 않고 다른 사람의 이야기로만 얻은 지식. 들은풍월로 익힌 지식"이라고 되어 있다. 귀 따위는 전혀 제대로 대우하지 않는 것이다.

하지만 가정에서 아이를 기를 때는 귀에서 들어오는 '귀의 말'에서 시작해 그 귀의 말을 철저히 하는 것이 기본 원칙이다. 그렇게 과거 수백 년이나 이어져왔다.

교육이 보급되어 문자 학습, 즉 읽고 쓰기를 듣고 말하기보다 중요시하면서 귀가 나설 자리를 잃었다. 왜곡된 것이지만 높은 학력을 지닌 사람들이 그런 교육을 받았기에 그게 정통 학문이라는 착각이 생겨났다.

지성은 '눈의 말', 다시 말해 읽고 쓰기로 길러진다고 생각한다. 학교에 오래 있으면 있을수록 눈의 힘은 날카로워져도 귀는 퇴화해 '귀 바보'가 되어간다.

　전쟁에서 패하기 전, 일본에서 고등 교육을 받은 사람은 채 5퍼센트도 되지 않았을 것이다.

　그런데 사람들 대부분이 고등 교육을 받게 되자 '귀 바보'가 당연해졌고, 귀를 소중히 여기고 중요한 내용을 귀로 배우는 일이 점차 어려워졌다.

　학력이 높아짐에 따라 귀를 경시, 때로는 무시하는 일이 많아졌다. 마음 없는 사람은 그걸 세상의 진보처럼 생각할지 모르지만, 이는 인간 문화의 위기라고 할 수 있다.

　지금까지의 근대 문화는 지식이라는 눈의 힘을 축으로 발전해왔다. 다른 사람의 이야기를 듣고 생각하는 행위는 뒷전으로 미루었다. 지식인, 문화인 등이 어쨌든 '귀 바보'라는 사실에 눈을 돌렸다.

　인쇄라는 2차원적 정보 사회였기에 '귀 바보'가 대량으로 늘었다는 사실은 어쩔 수 없다.

　20세기 중반쯤 컴퓨터가 등장하며 상황은 분명 뒤바뀌었을 텐데, 지적으로는 여전히 보수적이다. 사회에서는 그 의미를 분명하게 파악하지 못했다.

　컴퓨터는 지식이라는 2차원적 정보 처리에 대해서는 인간과 비교할 수 없을 정도로 위력을 지녔다. 하지만 안타깝게도 3차원적 세계, 4차원적 세계에는 무력하기 그지없다. 인간으로 말하자면 '귀 바보'인 셈이다.

컴퓨터는 2차원적 지식인의 일거리를 빼앗아가고 있다. 언젠가는 더욱더 인간을 배제하려 할 것이다. 오늘날 사무직의 취업난은 그 전조다.

컴퓨터에 맞서 인간의 존엄을 지키려면 귀를 쫑긋 세우고 눈으로 할 수 없는 일을 새롭게 만들어내는 것 외에 방법이 없다. '귀 바보'는 처음부터 상대도 되지 않는다.

예전에는 '마이동풍(馬耳東風)'이라고 웃어넘겼을지 모르지만, 이제는 그런 농담을 하고 있을 시대가 아니다. 말의 귀로는 곤란하다. 인간의 귀로 잘 갈고 닦지 않으면 기계에 당하는 가여운 인간이 될 뿐이다.

미래형이 아닌, 이미 진행되기 시작한 변화에 휩쓸리지 않기 위해서라도 말의 귀를 인간의 귀답게 하려면 어떻게 해야 좋을시 생각해야 한다.

귀로 생각한다

일본인은 예로부터 글자, 문장, 기록을 감사히 여겨왔다. 입으로 말한 것은 신용하지 않는다. 구두 약속을 잘 지키는 근성이 부족하다.

게다가 불리한 일은 '기억에 없다'란 말로 책임을 회피한다. 글자로 한 것이 아니면 증거가 되지 않는다.

패전 후, 증권 민주화를 외칠 때의 일이다. 구두로 매수 주문을 낸다. 인도 전까지 구입한 주식의 값이 내려가면 그런 주문을 낸 적이 없다며 소리치는 고객 때문에 문제가 생겼다. 이런 일이 빈발하자 당황한 증권 회사는 본인이 직접 쓴 주문이 아니면 받아주지 않기로 했다.

사회인으로서 보면 부끄럽기 짝이 없는 이야기다. 입으로 한 말은 안 되고 어쨌든 글자로 써야 신용할 수 있다며, 귀로 듣고 입으로 하는 말을 바보로 여겨 이런 일이 생긴 것이다.

일본인은 서로 좀 더 귀의 말을 소중하게 여기지 않으면 세계의 대세에 뒤처지고 말 것이다.

"일본인은 눈으로 생각한다"[독일 건축가 브루노 타우트(Bruno Taut)]는 말에 기뻐하는 지식인이 적지 않은 모양이지만, 뒤집어 생각하면 이는 '귀로는 생각하지 않는다'라는 얘기다. 거기까지 생각이 미치지 못하는 것은 유치하다고밖에 할 수 없다.

하지만 그것 또한 눈을 중시하는 편견이 있기 때문이리라. 일본인은 역시 눈으로 생각하는 경향이 많은가 보다.

그리스인은 걸으면서 대화, 요컨대 듣고 말하고 생각했다고 한다. 아울러 글로 쓴 것을 살아 있는 말의 그림자와 같은 존재로 여겼다. 실제 대화야말로 살아 있는 말이며, 따라서 최고의 사색 또한 이러한 말로 이루어진 것이 당연했으리라.

'눈으로 생각하는 사람'의 지성은 시각적이다. 시각적 사고는 '귀로 생각하는 사람'의 청각적 사고와 성격을 달리한다는 것을 요즘 사람들은 그다지 생각하지 않는다.

그냥 지식, 독서 등을 배경으로 하는 시각적 사고가 담화 중심의 청각적 사고보다 상위에 있는 것처럼 생각한다. 아울러 그것이 근대 사상의 편중일지도 모른다고 의심하는 일은 적다.

'총명(聰明)'이라는 말은 청각적 사고가 시각적 사고보다 상위에 있음을 분명하게 보여준다. 귀 이(耳) 변이 붙은 총(聽)은 귀의 말(듣고 말하기)을 통한 현명함으로, 글자(읽고 쓰기) 중심의 명(明)보다 선행함을 나타낸다.

철학자 니시다 기타로(西田幾多郎)는 "말을 잘하는 학자와 논문이 뛰어난 학자 중 누가 더 훌륭합니까?"라는 취지의 질문을 받고 그 자리에서 "말을 잘하는 쪽"이라고 답했다는 일화가 전해진다.

'총'과 '명'의 순위를 분명히 했다는 점이 흥미롭다. 하지만 일본인은 대부분 반대로 생각한다.

일본어에서는 듣는 행위를 등한시한 탓인지 그냥 들리는 소리를 듣는 '듣다(聞く)'와 잘 경청하는 '듣다(聽く)'의 구별이 분명하지 않다. 둘 다 '듣다(きく)'로 대충 쓴다. 두 단어를 글자로 구분하는 일은 일반적이지 않다.

영어에서는 그냥 듣는 'hear'와 귀 기울여 잘 듣는 'listen'을 구별한다.

일본인은 아주 어릴 때부터 잘 듣는 훈육이 부족한 탓인지 청각적 이해력, 사고력이 서양인보다 뒤떨어진다. 교실에서 떠드는 부끄러운 일이 생겨나는 것도 어쩔 수 없다.

제대로 된 청각적 사고가 부족한 채로 외국어를 사용해 외국에서 장사 따위를 하니 경제적 동물(economic animal)이라는 소리를 듣는 것이다.

지금은 영어를 사내 공용어로 지정해 득의양양한 회사도 있지만, 청각적 사고를 수반하지 않는다면 국제 경쟁에서 지지 않는 힘을 기르기란 어렵다.

14세기경 무로마치 시대에 일본의 전통 연극 노(能)를 완성한 예술가 제아미(世阿弥)는 우선 듣게 하고 나중에 보여주는 것을 '선문후견(先聞後見)'이라고 했다. 이것은 달성하기 힘든 명제다.

본격적 강의

일본어에서는 '강연'과 대학 등에서의 '강의'가 분명 다른 말이지만 영어로는 둘 다 'lecture'라고 한다.

다시 말해, 영어에서는 강연도, 강의도 모두 '듣는 이야기'라는 점에서 똑같이 취급한다.

강의는 대학에서만 이루어졌다. 메이지 초기, 서양을 모방해 강의를 시작했다. 처음에는 외국인 교사 없이는 강의할 수 없었다. 그것을 일본인 교사가 할 수 있도록 하려고 일본이 얼마나 애썼는지 이루 말할 수도 없다.

일본인 교사는 당연히 일본어로 강의했다. 19세기에는 아주 힘든 일이었다. 아시아에서 모국어로 강의하는 것은 도무지 생각할 수 없는 일이었는데, 일본은 모국어로 대학 강의를 한 아시아 최초의 나라였다.

그러나 대학에서 강의를 한다 해도 외국을 모방한 것이었기에 진정한 강의는 어떠해야 하는지 등의 질문은 생각할 여유가 없었다.

강의를 위해 노트에 원고를 썼다. 2시간 분량의 원고를 만드는 것은 큰일이다. 매주 노트를 작성하기란 뼈를 깎는 고통이었다. 때로는 시간 내에 완성 못하기도 했다. 그럴 때면 게시판에 '○○ 교수 금일 휴강'이라는 공지를 붙여 학생들을 기쁘게 했다.

이렇게 교수의 노트가 만들어졌고, 거기에 무엇이 적혀 있는지 아는 것은 한 줌의 학생뿐이다. 세상에서 널리 칭송받고 출판되는 일 따위는 생각할 수도 없었다.

학생의 노트 속에서 잠들어 시험 때만 잠시 꿈틀거리고 그 후로는 어둠 속으로 사라졌다. 후세에 남은 강의는 손꼽을 필요도 없이 적었다.

영국 케임브리지 대학에 영문과가 생긴 것은 1920년대의 일이다. 영문학 전문가가 없으니 다른 분야의 학자가 강의를 떠맡았다.

그중 한 사람인 리처즈(I. A. Richards)는 매주 강의한 내용을 원고로 출판사에 넘겨 《문예비평의 원리》라는 대작을 냈다. 이런 일이 가능해야 진정한 강의라고 할 수 있다.

일본 대학에서 이루어지는 강의는 도저히 책으로 간행할 수 없다. 필시 무단 차용이나 부적절한 인용이 넘쳐나는 강의가 많다. 그러니 출판도 할 수 없었다.

패전 후, 미국 학술계에서 '발표하거나 없애버려라(Publish or Perish)' 같은 실적주의가 도래하기 전에 일본의 많은 대학은 강의를 그만두었다.

하지만 그만두면 학점이 부족하니 '강의연습' 등이라는 제목을 만들어 속임수를 썼다.

강의는 4학점, 연습은 2학점이지만 '강의연습'이라는 이름을 대면 4학점을 줄 수 있다. 교사도, 학생도 손해 볼 것이 없었다.

오늘날 문과에서 본격적인 강의를 하는 대학은 얼마나 될까.

영어로는 같은 'lecture'라도 강의는 강연과 비교할 수 없을 정도로 어렵다. 대학이 수백 개나 생겨난 일본에서 전통적인 강의를 하려야 할 수 없는 것은 당연하다.

이를 속이려 하면 '지적 정직함(intellectual honesty)'이 모자란 게 분명하다.

필기하지 않는다

일찍이 강의는 교사가 노트를 만들어 교실에서 읽는 형태였다.

"언어학이란 언어를 대상으로 하는 체험 과학이다. 언어의 본질, 구조, 역사적 변화 등을 음성, 문법, 의미 등 각종 분야에 걸쳐 밝혀내는 학문으로 메이지 시대에는 박어학(博語學)이라고도 불렀으며……" 하고 말하는 내용을 학생은 노트에 받아쓴다.

그래서 '대학 노트'라는 게 있다. 노트에는 선이 그어져 있다. 이것을 왼쪽으로 펼쳐서 가로쓰기를 한다. (원래 일본 책은 오른쪽으로 펴고 세로쓰기를 한다-옮긴이.)

국문학 강의에서도 가로쓰기를 했다. 지금과 달리 세로쓰기가 대부분이었던 시절, 노트는 대학생의 우월감을 부추겼다.

일본어는 원래 세로쓰기하는 데 맞춰서 만든 문자를 사용한다. 가로쓰기는 규격 외인 셈이므로 아주 쓰기 힘들다. 쓰면 지저분하게 흐트러진다.

대학 노트를 사용하자 사람들은 대부분 흐트러진 글자를 쓰게 되었다.

그것보다 문제인 것은 노트를 사용하면 쓰는 데 정신이 팔려 의미를 이해하는 일은 뒷전이 되기 십상이라는 점이었다.

글자를 쓰는 데 정신을 쏟다 보면 의미 대부분은 머릿속을 지나쳐 버린다. 시험 때가 되어서 노트를 다시 읽지 않으면 기억이 나질 않는다. 게으름을 피워 노트를 준비하지 못한 학생은 제대로 필기한 친구한테 노트를 빌려 베껴 쓰며 시험을 준비했다.

복사가 가능해지자 노트를 준비하지 못한 학생은 아주 기뻐했다. 다른 사람의 노트를 베껴 쓰는 수고를 덜 수 있었기 때문이다. 시험 때 노트를 가지고 들어갈 수 있는 과목의 경우 복사한 종이를 노트에 붙이면 그만이다.

풀로 붙인 종이는 센베이 과자처럼 주름이 졌다. 노트는 무거워지지만, 그런 걸로 혼날 걱정은 없다.

공교롭게도 복사 노트가 유행하면서 강의가 사라지고 학점 시험도 바뀌고 말았다. 옛 제국대학 시절의 노트는 그때 자취를 감추었다. 대학 노트라는 말 자체도 잊힌 듯하다.

아직 대학 노트가 판치던 시절의 일이다. 한 대학생이 먼 친척뻘인 노교수에게 노트 필기하는 법을 물었다.

노교수는 주저하지 않고 이렇게 말했다.

"노트 따위를 쓰려 생각하지 말고 차분히 강의를 잘 듣게. 글자를 쓰려고 하면 이야기의 본론을 이해할 수 없거든."

학생은 그 말을 듣고 당황해서 이렇게 말했다.

"그러다 내용을 잊어버리면 아무것도 남는 게 없지 않습니까."

"아니, 그럴 일은 없네. 중요한 내용은 머리에 남거든. 강의를 통째로 전부 외우려 생각해선 안 되네. 다만 숫자 정도는 잊어버릴 경우 번거로우니 노트에 적어두면 좋겠지."

노교수는 이렇게 답했다.

학생이 노교수의 조언에 얼마나 충실히 따랐는지는 알 수 없지만, 그는 훗날 독일로 유학을 떠났다.

독일 학생들은 근면하고 열심히 공부하지만, 강의 노트를 쓰는 경우는 거의 없다. 그는 모두가 조용히 강의를 경청하는 모습에 감탄했다고 한다.

대학에서 노트 필기를 볼 수 없게 된 대신 교실이 시끄러워졌다. 서로 얘기를 나누는 것이다. 교수의 강의 따위는 못 들은 체하고 각자 얘기를 나눈다.

여기저기서 떠드니 시끄럽다. 마음이 약한 교수는 노이로제에 걸린다.

학생들 입장에서 보면 교수의 수업은 지루한 TV 프로그램 같다. 재미있는 프로그램을 보면서도 거실에서는 떠들기 마련이다. 그렇게 재미있지도 않은 강의 시간에 사담 좀 나누면 뭐가 어떠냐 하는 생각이다.

하지만 학교에서 수다를 떠는 사람들이 부모가 되어 자식 교육을 한다. 다른 사람의 이야기를 도무지 경청할 줄 모르는 아이를, 그런 사실도 모른 채 기른다.

초등학교에 들어가 선생님이 무슨 말을 해도 전혀 반응하지 않고 큰 소리로 떠드는 아동이 생겨났다. 이런 학생들에게 익숙하지 않은 학교는 놀라서 '학급 붕괴' 운운하며 두려워한다.

그들은 귀 바보 사회의 '서자'다. 요란하게 떠들어대는 모습이 볼썽사납다.

· · · · · ·

학력이 높아짐에 따라 귀를 경시,
때로는 무시하는 일이 많아졌다.
마음 없는 사람은 그걸 세상의 진보처럼
생각할지 모르지만,
이는 인간 문화의 위기라고 할 수 있다.

방언이 사라지면 나라가 망한다

일본인의 말귀가 확실히 나빠진 것은 메이지 시대 이후의 일이다. 그 전까지는 지방 사투리로 '말의 혼으로 행복한 나라[언어의 주술적 능력으로 행복이 깃든 나라라는 말로, 일본의 미칭(美稱)]'였다고 상상할 수 있다.

방언은 너무나 당연해서 방언이라는 사실을 의식하는 일도 거의 없었다. 방언이 통용되는 범위는 좁아서, 지역에 따라서는 번(藩: 에도 시대 1만 석 이상의 영토를 보유한 봉건 영주 다이묘(大名)가 지배하던 영역-옮긴이)마다 달랐다.

'말은 나라의 증거'라고 하던 때의 '나라'는 일본 전체가 아니라 각 고장을 가리켰다. 당연히 규슈의 말은 도호쿠에서는 외국어와 다름없었다. 일본 전체에서 통하는 것은 글자로 된 언어, 곧 문장으로 된 언어였다.

메이지 시대에 접어들어 새로운 사회가 생겨났지만 방언을 어떻게 할지 등은 신경 쓸 여유가 없었다. 언어를 생각하는 뜻있는 인물도 없었다.

외국을 모방하는 걸 국가 정책의 방침으로 삼은 새로운 일본은 문자 문화를 섭취하기에 여념이 없어 입말의 언어 등은 문제 삼지 않았다.

그러나 외국과 비교하면서 언어의 차이가 눈에 띄자 언문을 일치시키자는 운동이 문학자를 중심으로 일어났다.

"말은 곧 문자다"라고 굳게 믿던 일반 사람들은 애당초 언문일치가 무엇인지 알지 못했다.

그렇다면 야마다 비묘(山田微妙), 후타바테이 시메이(二葉亭四迷) 같은 언문일치 운동 지도자들은 일본어의 말과 글을 일치시키는 문제를 어디까지 생각했을까.

나라 전체가 방언 덩어리 상태인데, 언문일치는 방언과 문자를 일원화하려는 것이니 세 살 먹은 아이라도 일도딩도않은 일이리고 생각할 일이건만 메이지 시대의 준재들은 그렇게 여기지 않았다.

이런 상황 속에서 생겨난 언문일치 운동이니 실천이 뒤따르지 않았음은 어쩔 수 없다.

전국 공통의 입말을 만들자는 노력은 이루어지지 않았고 시도조차 없었다. '표준어'라는 말은 있었지만 실체가 없었다.

일본 공영 방송 NHK(일본방송협회)는 영국 BBC(영국방송협회)를 모방해서 만들었다. 처음에는 일본 표준어의 확립과 보급을 목적으로 한다고 정관에 명시했지만, 그런 어려운 일을 할 수 없으니 어느샌가 잊혔다.

무엇보다 표준어가 무엇인지 분명하지 않아 자신감을 가질 수 없었다. 난처한 나머지 '공통어'라고 부르며 마주한 현실을 어물쩍 덮어버렸다.

TV는 입말을 보급하는 데 큰 역할을 했다. 그로부터 30년 전쯤에 시작한 라디오 방송에서는 조금도 퍼지지 않았던 공통어가 상당히 널리 알려졌다.

그러나 왜 라디오로 하지 못한 귀의 말에 대한 교육이 TV로 넘어오면서 갑자기 진척되었을까. 이 문제를 생각하는 사람은 없었다. 사상이 어떻다느니, 문화가 어떻다느니 하며 소리를 높이던 지식인들이 언어의 소리를 갖지 않았다는 점은 꽤 재미있다.

1930년대에 홋카이도에서 도쿄의 대학에 입학한 수재가 있었다. 우연히 필자가 맡은 반에 있어 그 학생이 겪은 언어생활의 어려움을 접할 기회가 있었다.

홋카이도의 한 지방 고등학교를 나와 도쿄의 학생이 된 이 수재는 심한 문화 충격을 받았다.

강의실에서 교수가 하는 말의 반도 알아듣지 못한 것이다. 홋카이도에서는 들어본 적도 없는 말로 수업을 진행했다. 필기를 하고 싶어도 알아듣지 못하는 말을 받아 적을 수 없어 맹한 얼굴로 강의를 듣고, 노트 필기를 하는 동급생을 보며 자신감을 잃었다. 그 학생이 이런 사실을 고백한 것은 3학년이 되고 나서였다.

그때는 이미 TV가 보급되기 시작했고, TV는 라디오와 비슷한 정도의 입말을 쓰고 있었음이 틀림없다. 하지만 홋카이도에서 온 고등학생의 귀를 단련시키기에는 부족했다.

소학교부터 중학교, 고등학교까지 12년의 교육을 받은 터였다. 그 학교의 선생님은 모두 도쿄의 말과는 다른 '홋카이도의 말'을 사용했다. 선생님 자신도 자각하지 못했으니 학생이 다른 말이 있다는 사실을 알 리 없었다.

독일에서는 초등학교 교사가 되기 위해 학교가 위치한 곳의 방언을 구사할 수 있어야 한다는 조건이 붙는다는 얘길 들은 적이 있다. 지금은 어떤지 모르겠지만, 방언을 학교가 인정한다는 사실은 눈여겨볼 만하다.

일본의 학교는 입말 자체에 관심이 없다. 교육의 범위에 넣지 않는다. 학교 교육이 입말에 힘을 쏟는 것은 꿈에서도 생각할 수 없다.

간사이(関西) 지역에 살던 초등학생이 도쿄의 초등학교로 전학 가면 힘든 일을 겪는다. 사람들은 간사이 사투리에 차가운 시선을 보낸다. 바보 취급을 당하는 것이다.

전학생은 말을 하려야 말할 수 없는 괴로움을 맛본다. 귀의 말에 어두운 교사는 그런 일이 일어나는지조차 알아차리지 못한다.

자신이 하는 말을 놀리거나 나쁘게 얘기하는 것은 전학이라도 하지 않으면 경험할 일이 없는 일로, 그 영향은 평생 사라지지 않는다. 누군가에게 털어놓지도 못하고 마음속에 담아둔다. 그것이 개성을 없애는 영향을 준다는 사실은 생각지도 못하는 게 보통이다.

전학생은 가엾다. 아이가 불쌍하다는 걸 교사는 둘째 치고 부모라면 다 안다. 아이를 고생시키고 싶지 않은 마음은 부모로서 당연하다.

가장인 아버지가 전근을 간다. 패전 후 한동안은 가족이 함께 이사하는 게 당연했다. 아이는 부모를 따라 전학을 갈 수밖에 없었다.

어머니들은 아이의 전학을 싫어한다. 공부도 뒤처지지만 그보다 전학 간 학교에서 괴롭힘을 당할까 두렵다. 내 아이한테 그런 일이 생기게 할 수는 없다.

"나는 아이와 여기에 남겠어요. 당신 혼자 새 근무지로 가세요." 아버지의 단신 부임은 당연한 일이 되어갔다.

전학의 괴로움은 경험해본 사람이 아니면 알 수 없겠지만, 새로운 환경에 녹아들기까지 여러 가지를 피부로 느끼며 배운다. 적응력이 높아진다. 남은 인생에 도움을 주는 부분이 적지 않다.

그런 점을 생각하면 방언을 원수처럼 보는 것은 잘못이다. 방언을 공통어로 전환하는 데서 인간은 상당히 똑똑해진다.

아키타현은 방언을 부끄러워해서 패전 후, 아키타 방언을 박멸하는 주민 운동을 펼친 것으로 유명하다. 하지만 그다지 현명한 생각은 아니었다.

아키타 사람의 마음은 아키타의 말로 이루어져 있다. 그것을 눈의 적이 아니라 귀의 적으로 여기는 것은 뭔가 잘못되었다. 불편하더라도 몇 백 년 동안 이어져 내려온 말이다. 그렇게 간단히 끊어낼 수 있는 게 아니다.

시끄럽게 방언 박멸을 외치는 것은 건강한 정신이 아니다. 부자연스러운 자기 부정으로 이어진다는 사실을 놓쳐서는 안 된다.

필자는 아키타에 호의를 갖고 있다. 아키타의 식문화, 생활 문화는 아주 고급이라고 생각한다. 그만큼 아키타현이 오랫동안 일본에서 자살률이 가장 높았다는 사실을 매우 슬프게 생각하는데, 이것은 방언 박멸 운동과 어딘가 연관이 있는 듯한 느낌이 든다.

생명은 소중하다. 방언도 소중하다.

잘 분별해서 듣는 귀

녹음이라는 것이 일반인에게도 가능해진 것은 패전 이후부터다. 녹음 자체는 레코드로 가능해졌지만, 초보자가 녹음해서 레코드를 만드는 것은 꿈에서도 생각할 수 없는 일이었다.

휴대 녹음기가 생겨서 재미 반으로 녹음하는 사람이 생겨났다.

한 어학 교수가 만원 전철 속에서 두 사람의 대화를 녹음기에 담았다.

그런데 나중에 재생해보곤 놀랐다고 한다. 전철이 달리는 굉장한 소음 때문에 대화가 묻혀 거의 알아들을 수 없었다. 전동차 안에서는 분명 대화가 성립했다. 분명 소음이 있었지만, 딱히 시끄럽다고는 느끼지 않았다. 상대방의 말을 알아듣기 힘들다는 느낌도 없었다.

그런데 어떤가. 재생해보니 들리는 것은 전철의 소음뿐이다. 사람의 말소리는 조각난 정도로밖에 알아들을 수 없었다.

귀가 소리를 선별한 것이다.

귀는 들어오는 소리를 그대로 받아들이지 않고 취사선택한다. 그 '관문'을 통과한 소리가 귀에 들어온다. 그리고 머리에 도착한다.

통과하지 못하는 것은 불필요한 소리이므로 버린다. 그래서 시끄러운 소리가 그다지 신경 쓰이지 않는다.

대체로 기계 소리는 귀의 관문에서 버려지는 경우가 많다. 전부는 없애지 못하더라도 크게 억제한다.

그에 비해 인간의 목소리는 전혀 모르는 사람의 것이라도 신경이 쓰이고 관심이 간다. 귀의 관문을 통과하기 쉽다. 그뿐 아니라 확대 또는 증폭되기도 한다.

전철을 타면 휴대전화 사용에 관한 주의 사항을 안내 방송으로 반복한다.

"다른 승객에게 불편을 줄 수 있으므로……."

사용을 삼가도록 승객에게 주의를 당부하는데, 생각해보면 어딘가 이상하다.

다른 승객에게 불편을 끼친다는 점에서 보면 전철이 달리면서 생기는 소음과 진동이다. 전화 말소리 따위는 기껏해야 크게 시끄럽지 않다.

그래서 전철에서 생기는 소음보다 휴대전화 음성이 더 시끄럽다는 것은 이치에 맞지 않는 것 아니냐고 말하는 사람이 있다.

하지만 이것 역시 틀린 생각이다. 전철의 소음은 분명 시끄럽다. 하지만 그것은 버려지는 소음이다. 물론 모든 것을 없앨 수는 없다. 하지만 마음에 두지 않으니 흘려 넘겨서 큰 음향이 상당히 작아진다.

이에 반해 사람 목소리는 신경 쓰이기 마련이다. 흥미가 생긴다. 귀를 쫑긋 세우게 된다. 작은 목소리로 이야기하더라도 귀의 '관문'에서 확대 · 증폭된다.

게다가 한쪽의 말만 들리고 상대방의 말이 귀에 들어오지 않으면 귀의 주의력이 자극을 받는다.

휴대전화가 제삼자에게 시끄럽게 여겨지는 이유는 매우 관심을 끌기 때문이다. 아무런 관계도 없는 타인의 일이라는 걸 알게 되면 갑자기 시끄럽게 들린다. 사람의 목소리를 목소리가 아니라 음향이라고 판단하면 시끄러운 소음이라고 느낀다.

귀를 필요 이상으로 쓰게 되면 사람은 불쾌함을 느낀다.

귀는 선의의 차별을 하고 있다. 그것으로 정신의 안정을 얻을 수 있다. 모든 소리와 목소리 등을 그대로 받아들이면 머리가 파열될지도 모른다.

괜한 것은 가령 큰 소음, 목소리라 하더라도 듣고 흘려버릴 수 있기에 우리는 평온하게 살아가고 있는지도 모른다.

경청의 인문학

• • • • • •

'총명(聰明)'이라는 말은
청각적 사고가 시각적 사고보다
상위에 있음을 분명하게 보여준다.
귀 이(耳) 변이 붙은 총(聰)은
귀의 말(듣고 말하기)을 통한 현명함으로,
글자(읽고 쓰기) 중심의 명(明)보다
선행함을 나타낸다.

귀의 능력

아이가 큰 병에 걸려 어머니는 곁을 지키며 병간호를 한다. 연일 거의 자지도 못하고 쉬지도 못하는 병간호에 지쳐 점심때쯤 아픈 아이 옆에서 깜박 잠이 든다.

그때 부엌에서 무언가 떨어진 듯한 큰 소리가 난다. 다른 사람은 깜짝 놀라건만 병간호를 하던 어머니는 눈썹 하나 꿈쩍하지 않고 계속 졸기만 한다.

그런데 아픈 아이가 작게 소리를 낸다. 무언가를 말한 것이 아니라 잠꼬대인지도 모른다.

앉아서 졸던 어머니는 그 작은 소리에 번뜩 눈을 뜨고 아픈 아이를 살핀다. 놀랄 만한 반응이다.

어머니의 귀는 아이를 향해서만 열려 있는 것이리라. 다른 소리에는 전혀 반응하지 않지만 귀를 기울이는 소리와 목소리는 아무리 작아도 확대하고 증폭해서 알아듣게끔 되어 있다.

눈을 뜨고 있을 때뿐만 아니라 잠들어 있는 동안에도 귀를 열고 소리를 구분해 듣는다. 눈을 감고 잠들면 무슨 일이 일어나도 보이지 않는 것과 비교해 크게 다르다.

이는 귀가 눈보다 의지할 수 있다는 사실을 암시한다.

필자는 젊을 때, 일 때문에 도야마현을 매년같이 찾았다. 일주일 정도 일을 마치고 돌아가면 아주 피곤했다. 다른 곳에 비슷한 일로 갔을 때보다 더욱 피로를 느꼈다.

왜 그런지 곰곰이 생각했더니 짚이는 게 하나 있었다. 바로 이름이다.

도야마에서 길을 걷다 보면 자꾸 '도야마'라는 소리가 들린다. 옆에서 또렷하게 말하는 게 아니라 지나가던 사람이 입 밖으로 낸 말의 한 조각일 뿐인데 그게 하나하나 걸린다. 왠지 내 이름을 부르는 듯한 느낌이다.

한자로 쓰면 '富山(도야마)'와 '外山(도야마)'는 다른 말이지만, 소리로 하면 같은 음이다.

멀리 있는 사람의 입에서 나온 '도야마'라는 말이 평소라면 들리지 않는 거리에 있는 필자의 귀에 울린다. 그때마다 깜짝 놀란다.

일주일이니 그렇게 몇 번씩 벌어지는 일도 아닌데 피곤해지는 이유는 귀 때문이다.

필자의 이름은 다른 말이다. 이름을 불리는 것은 그다지 유쾌하지 않다. 일본인은 그런 감각적 심리가 발달했다.

이름이 불리는 것을 싫어해서 휘나 아호를 쓰기도 했지만, 이름을 부르지 않는 관용이 자리 잡았다.

영어라면 "굿모닝, 빌" 하고 인사한다. 빌한테 빌이라고 말하는 것은 군더더기 아니냐고 일본인은 느낀다. 그러나 그냥 "굿모닝"이라고만 인사하면 정작 빌은 뭔가 빠진 듯한 허전함을 느낄 것이다.

귀는 똑똑하다

고가 전철이 교차하는 곳에서는 곡선이 생긴다.

그리고 전철이 이 곡선을 지날 때, 엄청난 소리가 난다. 그 아래를 걷는 행인은 귀를 막고 싶을 정도다. 게다가 철교에 레일 이음매가 있으면 소리는 더욱 무시무시해진다. 미칠 듯한 소음이 난다.

하루에 몇 번이나 전철이 지나는지 모른다. 그런 소리를 근처에 사는 사람들은 매일 들어야 한다. 그곳을 지나는 행인은 이렇게 생각한다.

근처에 사는 사람은 어째서 입을 꾹 다물고 이런 큰 소리를 참는 걸까. 철도도 문제다. 수십 년을 이렇게 큰 소음을 내면서도 개선의 여지가 전혀 없다. 어딘가 이상하다.

하지만 철교 주변에 사는 사람이 느끼는 소음은 행인이 느끼는 것보다 훨씬 작다.

물론 시끄럽다고 느끼지만 매일 아침부터 저녁까지 같은 소리에 당하다 보면 점점 감각이 둔해진다. 참으면 못 견딜 정도는 아니라는 생각이 들어 소음과 공생할 수 있다. 귀의 기능 중 하나다.

고령자가 늘어남에 따라 보청기 수요가 높아졌는데, 이 보청기라는 물건은 심히 무능하다. 보청기를 끼고 만족하는 사람은 거의 없다. 머리가 아프다며 던져버리는 사람도 적지 않다.

어쨌든 시끄럽다. 평소 들은 적도 없는 소리가 귀에 들어온다. 중요한 상대방의 말은 또렷하지 않은데, 옆방에서 설거지하는 소리가 깜짝 놀랄 만큼 크게 들리기도 한다.

모든 소리를 고르게 확대하는 게 아니라 높은 소리를 더 잘 전달한다. 사람 목소리는 잘 포착하지 못하면서 높은 소음을 쓸데없이 충실히, 혹은 확대해서 전한다.

평소 들은 적도 없는 소리를 듣고 있으면 매우 지친다. 번거로워서 사용을 그만두기도 한다.

보청기는 인간의 청각이 얼마나 뛰어난지를 증명하기 위해 있는 물건이지, 귀가 잘 들리게 되지는 않는다.

그리고 아무리 기술이 발전해도 보청기를 정상인 귀에 가깝게 만드는 것은 절망적일 정도로 힘든 일이다.

눈의 불편함을 교정하는 안경은 상당히 유익하다. 보청기와는 비교할 수 없을 정도다. 이는 안경이 특히 뛰어나서 그런 게 아니라, 시각은 교정하기 쉬운 데 비해 청각을 교정하는 것은 지극히 어렵다는 것을 암시한다.

귀가 눈보다 똑똑하다. 고를 수 있는 귀는 똑똑하다.

그런 귀의 힘을 잠재워두는 것이 너무나도 아깝다.

The Power of Listening · 02

사고의 깊이를 더하는
'듣고 말하기'

● ● ● ● ● ●

'읽고 쓰기' 전에 '듣고 말하기'

귀로 들은 말이 사고를 지탱한다

40개월의 암흑

귀를 키운다

느긋한 사람의 귀 훈련

웃음은 지적이다

마음의 양식은 귀로부터

3분 스피치

말을 잘하는 사람은 대물이다

문자 신앙에 사로잡히다

'읽고 쓰기' 전에 '듣고 말하기'

그리스도교 성경에 "태초에 말씀이 계셨다"라는 구절이 있는데, 아주 유명한 말이다. 모르는 사람이 적을 정도인데, 진정한 의미를 아는 사람은 거의 없다.

일본만의 일은 아니지만, 말을 오해하기 때문이다. 여기서 얘기하는 '말'은 지금 상식으로 자리 잡은 '말'과는 다르다. 서양도 마찬가지지만, 일본은 특히 부지(不知)의 성노가 심하나.

요즘은 조기 교육이 인기여서 유치원부터 말을 가르치는 곳이 생겨나고 있지만, 교육 관계자들이 말을 오해하고 있는 것은 옛날과 조금도 달라지지 않았다. 우선 '읽고 쓰기'를 가르치려고 한다.

옛날에는 소학교 과정에서 처음으로 글을 가르쳤다. 글자를 가르치고, 읽는 법을 가르쳤다. 메이지 시대 이후에는 가타가나 선습(先

帖)으로 우선 가타가나를 가르쳤다. 쇼와 시대 초기의 보통소학교 독
본에는 이렇게 쓰여 있었다.

꽃(ハナ) 비둘기(ハト) 콩(マメ) 도롱이와 삿갓(ミノカサ) 우산(カラカサ)

처음 보는 글자는 신선했다.

오래된 느낌이 들었던 탓인지, 1935년쯤 국정 교과서를 개정하며
이렇게 바뀌었다.

피었다 피었다 벚꽃이 피었다(サイタ サイタ サクラ ガ サイタ)

이것이 책 앞머리에 실린 말이었다.

패전 후, '꽃 비둘기 세대', '피었다 피었다 세대'와 같은 말이 쓰이
곤 했는데, 이는 소학교 1학년 독본의 문장에서 따온 명칭이다.

패전 후에는 국정 교과서가 사라지고 민간 출판사가 만든 교과서
를 문부과학성에서 확인하는 검정 제도로 바뀌며 각 출판사가 고안
한 문장을 실었다.

하늘 큰 하늘(ンラ オオキ イ ンラ)

이렇게 너무나도 산문다운 문장이 실렸다.

그러나 언어 교육이 문학 학습이라는 점은 메이지 시대 이후 일관되게 유지되며 꿈쩍도 하지 않았다.

언어를 글자부터 가르치는 것은 원래 이상한 일이지만, 외국에서도 그렇게 하고 있으니 이상하다고 여기는 사람도 없었다.

언어를 습득하는 순서는 '듣기, 말하기, 읽기, 쓰기'이건만 학교의 언어 교육은 앞의 두 가지를 빼놓고 이루어졌다.

19세기 초반 유럽과 미국에서 고안한 교육이 그랬으니 일본은 당연히 그것을 모방했다.

여기에는 듣고 말하는 언어를 취학 전, 가정에서 익힌다는 전제가 있었다. 이 주장에는 몇 가지 근거가 있었는데, 가정의 교육력은 시대와 함께 점점 떨어졌다. 요즘은 신생아에게 말을 똑바로 가르치는 가정이 있다면 보러 가고 싶을 정도다. 그 덕분에 언어가 부족한 아이들이 자신의 재능을 계속 썩히고 있다.

매우 안타까운 일이지만, 잘난 체하며 떠드는 집인은 그 사실을 모른다. 모를 수가 없는데도 말이다.

인류 전체로 봐도 이루 말할 수 없는 큰 손실이다. 문화가 발전했다는 것처럼 말하는 사람들이 얼른 눈을 뜨길 바랄 수밖에 없다.

인간이 갖고 태어나는 재능 중에서 가장 빨리 발달하는 것은 틀림없이 귀다. 눈은 태어났을 때 또렷하게 보지 못한다. 눈의 초점이 맞

쥐지는 것은 태어나고 한참 지나서다.

하지만 귀는 다르다. 태어났을 때부터 또렷하게 들린다. 그뿐 아니라 어머니의 배 속에 있는 동안 귀는 이미 들을 수 있다고 한다. 태아는 어머니가 보는 TV 소리에 반응한다는 연구 결과도 있다.

옛날 사람들이 배 속의 아기한테 좋은 영향을 주려고 태교를 한 것은 훌륭하고 전위적인 생각이었다는 사실을 알 수 있다. 지금은 그걸 알지 못하니 태아가 어머니가 듣고 있는 소리를 듣고 반응하는 걸 큰 발견이라도 한 듯이 놀란다.

왜 귀는 그렇게 빨리 발달할까. 생각하지 않아도 바로 알 수 있다. 새로운 것을 배워야 하기 때문이다.

배워야 하는 것 중에서 가장 중요한 것이 언어다. 언어를 습득하기 위해서는 귀가 대충 일해서는 안 된다. 눈처럼 멍하니 있을 수 없다.

태어난 후부터는 너무 늦다. 태어나기 전, 어머니의 배 속에 있는 동안 귀는 일하기 시작한다. 놀랄 만한 자연의 섭리다.

아이들의 언어 교육은 태어난 후 곧바로 시작된다. 하지만 어찌된 일인지 선생님이라는 사람들은 언어를 가르치는 일이 최초이자 최대의 책무라는 사실을 알지 못한다.

태어날 아이한테 가장 중요하고 먼저 시작해야 하는 일이 언어 교육이다. "태초에 말씀이 계셨다"는 것을 잊지 말자.

귀로 들은 말이 사고를 지탱한다

"아이들은 자연스럽게 언어를 익히네요" 하고 웃으며 말하는 젊은 어머니가 있다. 필시 고등 교육을 받았을 텐데, 그게 얼마나 위험한 생각인지도 모르고 자유롭게 키운다고 말하니 우스운 노릇이다.

아이에게 중요한 것은 귀로 들어오는 '첫 말', 즉 듣는 말이다.

하지만 학교에서는 듣는 말 따위는 저차원이라며 가르치지 않는다. 지식과 교양이 풍부한 사람은 귀가 들리니까 듣는 말 같은 것은 너무나도 당연하다고 얘기할지 모른다.

그 덕에 즐겁지 않은 것은 태어난 아이다. '첫 말' 정도는 잘 가르쳐줄 거라고 생각하며 이 세상에 태어났다. 그런데 어찌 생각이나 했을까? 가르쳐주는 선생님이 아무도 없다.

자신은 상대하지 않고 어른끼리만 마음대로 떠든다.

가끔 말을 걸어주는 사람도 있지만, 뭐라고 말해야 좋을지 모르는 젊은 어머니가 적지 않다. 그런 거라면 나이 든 사람들이 잘 알고 있지만, 공교롭게도 함께 살지 않고 핵가족이 되었으니 큰일이다.

본보기가 되어줄 선생님은 아이의 말을 무시하며 부모를 상대로 "시간적으로는…… 효율을 가장 우선으로 해야만……" 하며 이상한 말만 떠들어댄다.

가끔 "이게 멍멍이야" 하고 알려주기도 하지만, 그 물체는 '멍멍'이라고 짖지 않는다. 사람에 따라서는 그 멍멍이를 '찰리' 또는 '패티'라고 부르기도 한다.

그런 의미를 알 수 없는 세계에 놓여도 아이는 불평할 수 없다.

말의 예절 교육 등을 생각하지 않는 어른의 형식적이고 불완전한 말을 듣고 아이는 자신의 힘으로 어떻게든 언어를 익혀나간다. 가르쳐주지 않는 내용은 자신의 머리로 만들어낸다.

아이의 언어 능력은 이처럼 대단하다. 40개월 정도 지나면 아이는 스스로 문법과 말의 규칙을 습득한다.

필자는 한때 이러한 능력을 '절대 어감'이라고 부른 적이 있다. 옛날 사람들은 세 살 버릇 여든까지 간다고 했는데, 세 살 버릇이란 이렇게 말로 만들어진 개성을 가리키는 것으로 평생 거의 변하지 않는 뿌리를 이룬다.

아이의 첫 말은 귀로 들어오는 '귀의 말'이다.

세대나 시대와 더불어 이런 능력이 떨어지는 것은 중대한 문제지만, 사람들은 이런 걸 생각하지도 않는다. 하지만 잘난 체하는 말을 입 밖으로 낼 수는 없다.

첫 말은 귀의 말이다. 글자는 눈의 말로, 말을 베낀 불완전한 복사본이다. 눈으로 보는 글자보다 귀로 듣는 말이다.

이러한 사실을 잊고 읽기부터 언어 교육을 시작하는 것은 순서가 틀렸다. 우선 듣고, 그리고 말한다. 말할 수 있게 되고 나서부터 읽기를 배우고 쓰는 것도 배운다.

듣는 힘이 없으면 읽을 수 없다. 많은 현대인이 리터러시(literacy)를 중시하는 것은 외국의 나쁜 영향을 받은 탓이다.

옛날 사람이 지금보다 앞섰다는 생각이 든다. '총명'이라는 단어에서 귀가 들어간 '총'이, 눈이 들어간 '명'보다 상위에 있다는 점을 알고 있었으니 말이다.

요즘 사람이라면 순서를 바꾸어 '명총'이라고 하는 정도가 아니라, 눈만 생각해서 '명석(明晳)'이라고 말할 것이다.

발생학적으로 보아도 우선 들을 수 있고 나서 말하기, 한참 뒤에 읽고 쓰기가 시작된다. 읽고 쓰기를 하지 못해도 훌륭하게 살아갈 수 있지만, 귀의 말과 입말이 없는 인간은 생각하기 힘들다.

그런 의미에서 듣고 말하는 언어는 대언어(大言語), 읽고 쓰는 언어는 소언어(小言語)다. 대소를 합한 것이 언어다. 지금은 이 사실을 인정하는 사람이 많지 않다.

문자 언어를 음성 언어 이상으로 감사하게 여기는 풍토는 구텐베르크 인쇄 혁명의 여파다. 인쇄물이 대량으로 쏟아져나오자 독자들이 늘지 않으면 곤란한 사태가 벌어졌다. 인쇄 언어, 즉 책을 소화하려면 목소리 등을 버리고 오로지 눈으로 글자를 빠르게 좇는 인간이 없어선 안 되었다. 그래서 이를 학교에서 가르치자는 이야기가 나왔다.

언제까지 낡은 껍질을 질질 끌고 다니는 것은 현명하지 않다. 본래 언어의 힘을 끌어내기 위해서라도 귀의 말을 소중히 여겨야 한다.

"태초에 말씀이 계셨다."

40개월의 암흑

태어나고 약 40개월 동안 가장 열심히 일하는 기관은 귀다. 다른 시각, 촉각 등이 아직 제 기능을 다하지 못할 때부터 최고로 활동한다. 아마도 일생에서 귀가 가장 좋은 것은 이 시기가 아닐까.

청각을 통해 언어를 백지에서부터 익힌다. 언어는 지극히 복잡한 시스템으로 이루어져 있어 어른이 되어서도 자신이 쓰는 말을 또박또박 설명하기 어렵다.

그런 언어를 그다지 우수하다고 할 수 없는 선생님이라는 존재로부터 배운다. 배운다고 하지만, 가르치는 측에서는 분명한 목적의식도 없는 채로 언어를 사용하는 게 보통이다. 그것을 알아듣고 세련되게 만들어서 자신의 언어로 형성해간다.

아무튼 신생아의 귀는 매우 예민하게 이루어져 있다고 한다.

학교에서 시작한 영어로 L과 R를 구분해서 말하고 듣기란 어렵다. 하지만 아기 때 영어를 듣게 하면 100퍼센트 구분할 수 있고 발음도 할 수 있다. 영국, 미국의 아이들과 다른 점이 없다.

하지만 그 후 쓰지 않게 되면 사춘기 무렵에는 구분해서 듣고 쓰는 능력이 소멸하고 만다. 10년이나 지났으니 조금 연습하는 정도로는 아무것도 변하지 않는다.

초기에 귀가 가진 능력은 불가사의하게도 그때 일어난 일을 나중에 전혀 되살리지 못한다.

세 살 무렵의 일을 기억한다는 사람이 있지만, 그게 진짜 기억인지 아닌지는 알 수 없다. 나중에 주변 사람에게서 들은 이야기인지 진짜 자신의 기억인지 의심스럽다.

청각만 하더라도 여러 가지 소리를 귀에 담아왔음이 틀림없는데, 그걸 하나하나 기억할 수는 없다. 반복해서 듣기를 바탕으로 '자신의 언어'를 만들어나간다.

그 과정은 아주 복잡하게 얽혀 있어 하나하나 외우고 있을 여유가 없다. 서로 겹치는 곳에서부터 언어를 형성해나간다. 배우지 않은 말을 스스로 만들어내고 '문법' 같은 것을 자신의 힘으로 정리한다.

아주 복잡하고 기억하기 힘든 일이다. 잊는 줄도 모르는 사이에 잊어버린다. 그래서 훗날 떠올리는 것이 불가능하다.

인간은 모두 40개월의 암흑기를 갖고 있다. "세 살 버릇 여든까지

간다"는 말에서 세 살배기 아이란 3세 정도까지의 유아를 가리킨다.

암흑기의 일은 물론 아무것도 모르지만, '세 살 버릇'이 이 시기에 형성된다는 사실은 아주 흥미롭다.

귀를 키운다

유치원에 들어갈 무렵인 아이의 귀는 이미 상당히 지쳐 있을지도 모른다. 언어 습득이라는 큰일을 이루어내고 한숨 돌리고 있는 시기인지도 모른다.

이미 입은 말하고 눈으로도 사물을 구분할 수 있다. 혼자 힘으로 모든 것을 가늠하던 영유아와는 다르다. 귀가 피로해서 쉬고 있을 수도 있다.

유치원에 다니는 아이는 상당히 나빠져 있다. 다른 사람이 하는 말을 잘 받아들이지 않는다. 괴성을 지르거나 그것을 불쾌하게 여기는 감각도 미숙해서 난데없이 큰 소리를 지른다.

유치원 선생님은 아이들에게 조용히 이야기를 듣게 하고 싶다는 마음에 노력하고 고심하지만, 일단 성공하지 못한다. 동물의 울음소리를 흉내 내면 아이들은 귀를 옆에 가져다 대고 조용히 한다는 사실을 어른이 발견하는 데 몇 년이나 걸린다.

아이들이 다른 사람의 이야기 따위를 들을 수 있을 리가 없다. 왠지 나쁜 선입견이 생긴 모양이다.

유치원이 그러니 가정은 더 심하다. 아이에게 부모가 하는 말을 듣게 할 수 있다면 굉장한 일이다. 대개는 아이에게 "잘 들어!" 하며 가르치고 예의범절을 익히길 일찌감치 포기한다.

어느 나라든 비슷하겠지만, 꼭 그렇지만도 않다는 사실을 알고는 적잖이 놀랐다. 영국에는 이런 속담이 있다.

Children should be seen and not heard.

글자 그대로 옮기면 "아이들은 보여야지, 들려서는 안 된다"로 번역할 수 있다.

그런데 무슨 뜻인지 알 수 없다. 단어 하나하나는 평이한데, 무슨 말인지 전혀 이해할 수 없다.

메이지 시대 이후 이해하시 못한 재로 지금도 오해하고 있다. 일본에서 나온 한 영어 속담 사전에는 "아이들은 잘 감독해야 하고, 응석을 받아주어서는 안 된다"같이 해석했다.

하지만 그렇지 않다.

"어른들 앞에서는 괜한 말을 하지 말고 얌전히 있으세요"라는 뜻이다.

‘들려서는 안 된다’고 해석한 부분은 목소리를 내지 말라, 말하지 말라는 뜻이다. 다시 말해 ‘조용히 하고 있어라(=보여야 한다)’는 가르침이다. 말을 해서는 안 된다. 알든 모르든 가만히 잘 들으라는 뜻이 담겨 있다.

언어를 소중히 한다면 상대방의 의견을, 만일 생각이 다르더라도 가만히 끝까지 듣는 도량이 있어야 한다.

자기 생각만 떠들어대고 상대방이 하는 말엔 처음부터 귀를 열지 않는다. 이런 사람이 모여 있으면 사상의 자유는 바벨탑을 더 높일 뿐이다.

이것은 이치이기 전에 감각이니 어릴 때부터 예의범절 교육으로 다른 사람의 이야기를 경청하는 것을 가르쳐야 한다.

그러나 귀를 무시해온 일본에서는 100년에 걸쳐 이 속담의 뜻이 수수께끼로 남아 있었다.

일본의 가정에서 이렇게 주의를 주는 경우는 거의 없다. 어른끼리 나누는 이야기를 가만히 듣고 있는 아이가 많지 않다. 대체로 어른들 이야기에 불쑥 끼어든다.

부모는 그것을 나무라지 않고 내버려둔다. 상대방이 배려해 ‘귀엽구나’ 하고 말해주니 아이는 기분이 좋아진다.

다른 사람의 이야기를 듣지 않고 제멋대로 하는 나쁜 버릇은 이렇게 만들어진다. 그리하여 강연을 조용히 듣지 못하는 고등학생으로 성장한다.

학교 수업은 대부분 이야기로 이루어진다. 교과서가 있지만 교사의 수업은 귀에 호소하는 말이다.

귀를 무시하면 수업을 잘 따라가지 못하는 학생이 많아지는 사태를 막을 방법이 없다. 일본인의 지성에 관한 문제라고도 할 수 있다.

미국, 특히 미국의 중류층 가정은 영국을 모범으로 삼는 경향이 짙다. 앞서 말한 속담만 하더라도 가정 예의범절 교육의 지침이라 할 부분이 적지 않다.

다른 사람의 이야기는 조용히 들어야 한다는 생각을 중시한다. 이러한 사고방식을 일본 유치원에서도 중시할 필요가 있다.

귀가 좋지 않은, 잘 듣지 못하는 아이가 적지 않으니 귀를 좋게 만드는 교육을 하는 곳도 적지 않다.

'듣기 시험' 등으로 부르는 연습을 한다.

다른 아이가 놀고 있는 상당히 시끄러운 놀이 공간 한쪽에서 시험을 친다. 선생님이 삭은 소리로 무언가를 말한다. 그 소리를 상당히 멀리 떨어진 곳에 있는 아이가 듣고 따라 말한다.

익숙해지기 전에는 잘 들리지 않는다. 아이는 감으로 찍는다.

선생님이 "나는 어제 백화점에 갔습니다"라고 말했다고 하자. 제대로 알아듣지 못한 아이는 적당히 "나는 공원에 갔습니다" 하고 틀린 대답을 한다.

선생님은 "아니에요, 다시 잘 들어보세요" 하고 같은 말을 반복한다. 몇 번 하다 보면 정확하게 알아듣게 된다.

재미있겠다 싶어서 필자는 예전에 한 유치원에 비슷한 놀이를 해 보면 어떻겠냐고 권한 적이 있다.

선생님들은 처음부터 뭐가 문제냐는 식이었다. 선생님들의 귀도 나빠진 것이리라.

느긋한 사람의 귀 훈련

일본인은 예로부터 눈을 중시하고 귀를 경시해왔는데, 단 하나 예외가 있다. 바로 옛 육군의 훈련이다. 그렇다고는 해도 패전 이전의 일이다.

중학교의 예전 '교련' 과목에서 그 흉내를 냈다. 그중 하나로 '체전(遞伝)'이라는 것이 있다.

작은 부대가 행군할 때, 앞의 인원과 뒤의 인원이 1킬로미터 떨어져서 간다. 그사이에 200미터 간격으로 두 명씩을 배치해 중계 역할을 하도록 한다. 물론 전원 같은 속도로 같은 방향으로 행진한다.

알파······ A······ B······ C······ D······ 베타

메시지, 명령 등이 알파에서 A에게 전달된다. A는 같은 내용을 B에게 보낸다. B는 C에게, C는 D에게, 그리고 베타에 메시지가 도착

한다. 이것을 정확하게 전달하기 위해 훈련하는 것이다.

물론 놀이가 아니다. 중대한 메시지인 경우도 있으므로 정확하지 않으면 안 된다. 그래서 훈련을 한다.

알파를 떠난 메시지는 어떻게든 그대로 베타에 도착할 것 같지만, 실제로는 좀처럼 그렇게 되지 않는다. 그 정도가 아니라 대체로 알파와는 다른, 틀린 메시지가 베타에 도착한다.

A, B, C, D 중 어딘가에서 틀린다. 실수를 없애기는 의외로 어렵다.

인간의 귀는 부정확한지도 모른다. 긴장한 심리가 메시지에 작용해 변형시키는지도 모른다.

언젠가 시즈오카까지 지진 관련 훈련 정보를 내보냈더니 몇 개의 중계점을 거치는 동안 '훈련'이라는 말이 빠져 진짜 지진이 일어난 줄 알고 큰 혼란에 빠진 적이 있다. 군대나 교련 수업에서 체전 훈련을 한 것은 쓸모없는 행동이 아니었다.

체전뿐만 아니라 옛날 군대는 귀의 말을 중요하게 여겼다. 명령 등을 받은 사람은 그걸 복창해야만 했다.

"○○ 상병은 △△에 가서 ××부서에서 □□를 받아와!"

명령을 받은 ○○ 상병은 이렇게 복창한다.

"○○ 상병은 △△에 가서 ××부서에서 □□를 받아오겠습니다!"

"좋아."

이렇게 귀로 확인한다.

일찍이 성악가 출신인 한 노부인의 이야기에 빠져든 적이 있다. 그는 젊을 때 외국에서 독일의 배우 겸 음악가로부터 '아'라는 글자의 소리를 내는 법이 178종류나 있다는 얘기를 듣고 깜짝 놀랐다고 한다.

그 독일인은 이렇게 덧붙였다.

"독일인의 '아'와 프랑스인의 '아'는 다릅니다. 영국인, 이탈리아인, 스페인인에게는 각각의 '아'가 있습니다."

이렇게 말하며 실제로 소리를 내어 보여주었다고 한다.

음악가는 귀가 아주 민감해서 자그마한 소리의 차이라 할지라도 놓치지 않는다.

하지만 일본인의 귀는 조금 느긋한 경우가 많다. 귀의 훈련은 옛 군대가 아니어도 충분히 유용하다.

웃음은 지적이다

젊었을 때, 어쩌다 보니 한 해에 세 곳의 국립대학에서 교양 과정 신입생 수업을 맡은 적이 있다. 전임으로 있던 대학, 그보다 수준이 훨씬 높은 대학, 그리고 외국어 전문대학이었다.

같은 교과서를 사용해서 매주 같은 진도를 나갔다. 재미있는 시도라며 남몰래 즐거워했다.

가을이 되자 세 곳의 대학에 각각 다른 학생들이 다닌다는 당연한 사실을 새롭게 깨달았다. 가장 큰 차이는 웃음이었다. 교과서의 본문은 똑같고 그것을 설명하는 이야기도 대략 비슷했다.

그런데 학생들의 반응은 세 곳이 확연히 달랐다.

가장 우수한 학교에서는 학생들이 잘 웃는다. 덧붙여 입시 성적이 가장 높은 대학의 학생들도 잘 웃었다. 그러나 한 곳은 약간 달랐다.

세 번째 대학은 비슷한 이야기를 하는데도 웃음소리가 적었다. 다른 학교에서는 웃음이 터진 대목인데 말이다. 아주 희미하게 웃을 뿐이었다.

이런 차이에 흥미를 느껴 계속 주의 깊게 지켜보았는데, 웃음과 머리의 움직임에는 깊은 관련이 있는 듯하다고 나름대로 결론을 내렸다.

그 무렵 우연히 유럽에 아기의 우수함을 겨루는 콩쿠르가 있다는 사실을 알았다. 일본에서는 전혀 알려지지 않았지만 국제 콩쿠르였다. 각 나라에서 아기가 생후 몇 개월, 며칠 만에 웃었는지에 관한 데이터를 갖고 나와 겨룬다. 그리고 빨리 웃는 아기의 머리가 좋다고 평가했다.

신생아는 처음부터 운다. 하지만 처음부터 웃는 갓난아기는 없다. 웃지 않는 아기도 언젠가는 웃게 되지만, 그것은 두뇌의 활동 덕분이라고 생각해서 아기의 웃음 콩쿠르를 만든 것이다.

웃음과 지능의 연결 고리를 인정했다는 점에서 주목을 받을 만하다. 웃음을 오히려 바보처럼 여기는 일본인이 외면한 것은 당연하지만, 새로운 자극을 주는 이야기다.

원래 울음은 생리적이다. 심리적인 울음도 있지만 대부분은 본능으로 인해 운다.

그러나 웃음은 지적이고 사회적이다.

어느 쪽이 우수하다는 얘기가 아니다. 다만 울지 않는 아이는 없지만 웃음이 적은 아이는 많다.

성실한 인간을 높이 평가해온 일본은 웃지 말고 매사 진지하게 임하라는 분위기에 둘러싸여 자라는 동안, 지성 중 일부가 손상되는지도 모른다. 그런 문제를 생각하지 않는 것도 아닌데, 일본인이 가진 지능의 한계와 연관이 있을 수도 있다.

머리 좋은 아이는 잘 웃는다, 잘 웃는 아이는 머리가 좋다고 여기는 사람이 많은 나라가 있다는 사실은 우리에게 많은 것을 생각하게 한다.

경청의 인문학

발생학적으로 보아도
우선 들을 수 있고 나서 말하기,
한참 뒤에 읽고 쓰기가 시작된다.
읽고 쓰기를 하지 못해도
훌륭하게 살아갈 수 있지만,
귀의 말과 입말이 없는
인간은 생각하기 힘들다.

마음의 양식은 귀로부터

유럽의 근대는 시각에 편중된 것이 특징이나, 이를 반성하는 사람은 많지 않았다. 그러한 풍토를 고스란히 모방하기 시작한 메이지 시대 이후 일본의 문화는 한층 더 강하게 문자와 활자로 기울었다.

유럽에는 이런 말이 있다.

"보는 것은 믿는 것이다(Seeing is believing)."

이 말을 곧이곧대로 받아들여서 귀를 없는 것으로 취급했지만, 이 속담이 인쇄 혁명, 즉 구텐베르크의 활자 인쇄 혁명을 뒤늦게 인정한 것이라고 생각하는 유식자가 일본에 나타나는 일은 없었다.

근대 문화는 시각에 편중되어 청각을 경시한다는 사실을 인정하지 않았다. "지식은 대화보다 가치 있다"는 사상을 자각하지 못하고 사회를 움직였다.

시각 문화도 실생활과 무관하지는 않지만, 청각 문화와 비교하면 훨씬 유리되어 있다. 학교 교육만 보더라도 문자를 읽는 데서부터 시작한다. '듣는 힘이 없으면 읽는 것은 불가능하다'고 생각하는 소학교 교사는 없었다.

'듣는 것은 내버려두어도 저절로 할 수 있다. 특히 가르치려 하지 않는 집에서도 모두 들을 수 있게 된다.'

근거도 없이 이렇게 생각했다.

일본인이 생각한 주장이 아니라, 18세기 유럽에서 그렇게 생각해 초등 교육을 발족했다.

일본에는 소학교가 생기기 전에 데라코야(寺子屋: 한국의 서당에 해당-옮긴이)라는 게 있었다. 여기서 한자를 가르쳤다. 아무것도 모르는 아이들에게 《논어》를 가르쳤다. 가르쳤다기보다 소리를 내어 읽게 했다. 이른바 음독이다.

매우 난폭하지만 시각과 청각을 종합했다는 점에서 아주 독특한데, 근대의 읽기 교육 등이 이룩하지 못한 효과를 얻을 수 있었다.

서양식 교육에 따라 묵독 중심의 언어 수업이 정착하며 일본인은 큰 손실을 보았다. 언어가 생활에서 떨어져나와 지식을 옮기는 수단으로 전락해버렸다.

일본인의 사고가 허약한 이유는 언어가 생활에서 너무 멀리 떨어졌다는 데 그 원인이 있다고 볼 수 있다.

태어난 아이는 우선 귀로 말을 익힌다. 앞에서도 썼지만 인간의 감각과 능력 중에서 청각이 가장 일찍 발달하는데, 태어나기 몇 달 전부터 어머니 배 속에서 귀만큼은 활동하고 있다. 그래서 어머니가 보고 있는 TV 소리에도 반응한다고 한다.

이에 반해 시각이 눈뜨는 것은 한심할 정도로 느려서 태어난 후 한동안 사물을 또렷하게 보지 못한다.

아이가 태어나면 우선 모유나 인공으로 영양을 주어야 하는데, 이 것은 모든 부모가 게을리 하지 않는다. 모유는 몸의 양식이지만, 인 간은 그것만으로는 부족하다. 마음의 양식도 주어야 한다.

몸의 양식은 입에서부터지만, 마음의 양식은 귀에서 시작된다.

인지가 늦어지는 것일까. 몸의 양식은 주면서도 마음의 양식을 주 는 데 그 정도로 열심이지는 않다. 어디 그뿐인가. 아이에게 귀의 말 을 가르치는 것이 아이의 일생을 좌우하는 큰일이라는 사실조차 모 른다.

태어난 아이야말로 피해를 본다. 기껏 귀를 쓸 수 있게 해두었더 니 제대로 된, 똑바로 된 말을 들려주지 않는다.

귀가 울고 있음이 틀림없지만, 귀는 입과 다르게 소리를 낼 수 없 다. 멍하니 있는 어른은 소리 없는 소리를 듣는 힘을 갖추지 못한 경 우가 대부분이다.

기껏 귀를 좋게 해서 기다리고 있건만 말을 알려주는 사람이 없다는 것은 어쩌면 태고부터 시작된 자녀 교육 속의 큰 과실(過失)이라고 말할 수 있다. 그 때문에 인류는 가진 능력을 죽여버렸는지도 모른다.

하지만 자장가를 들려주거나 아기의 말로 얘기를 거는 일은 해왔다. 그러나 부모가 고학력화하며 이를 등한시했다. 아기의 말은 왠지 부끄러워서 입 밖에 못 내겠다는 대졸 학력의 부모가 적지 않다.

그 대신에 책을 읽어준다. 읽어서 들려준다며 득의양양해하는 사람이 늘었다. 읽어서 들려주는 것도 물론 좋지만 우선 생활 속에서 이야기를 걸어 자연스러운 말을 익히도록 하는 걸 잊어서는 안 된다.

갓 태어난 아이에겐 아무것도 해줄 수 없다는 생각은 잘못된 것이다. 귀는 충분히 발달해 귀의 말을 가르쳐주길 기다리고 있다.

어른이 깜박한 것이 아니라 멍하니 있느라 중요한 일을 게을리 하는 것이다.

그 반대의 예도 있다.

일본어학자 이케다 마야코(池田摩耶子)는 옛 동료였는데, 필자는 이케다 씨처럼 아름다운 일본어를 들은 적이 없다. 필자뿐만 아니라 듣는 사람은 모두 그 목소리에 매료되었다.

교수회의 위원회 보고는 대체로 재미없다. 경청하는 사람도 적은 경우가 보통이지만, 이케다 씨가 일어서면 모두 귀를 기울였다.

듣기만 해도 기분이 좋아진다. '은쟁반에 옥구슬 굴러가는 소리'

라는 말이 있다. 이케다 씨의 목소리는 그 이상이었다.

이케다 씨는 예전에 유명 아나운서로 알려진 분의 딸이다. 흥미를 느낀 필자는 슬며시 부친으로부터 말을 배웠냐고 물은 적이 있다.

이케다 씨는 아무것도 배우지 않았다며, 가끔 그런 말은 하는 게 아니라고 들은 적이 있을 뿐이라고 대답했다.

딱히 배우지 않아도 이야기를 듣고 목소리를 듣는 것만으로 훌륭한 말을 몸에 익힐 수 있다. 그리 드문 일은 아닐 것이다.

유명 아나운서를 부모로 둔다는 것은 보통 바라기도 어렵지만, 우리는 음성을 녹음하고 재생하기 쉬운 현대 사회를 살고 있다. 생후 40개월에 올바르고 아름답고 따뜻하고 맛있는 말을 들려주는 일을 하려고 생각하면 못할 것도 없다.

오늘날의 저속한 TV 프로그램을 보여주고 들려주며 아무렇지 않게 여기는 사람들은 좀 더 생각해보아야 한다. 아이의 일생이 달린 문제다.

3분 스피치

메이지 시대 초기, 영어를 배우는 일본인은 아주 많이 고생했다. 단어를 이렇게 외웠기 때문이다.

비 오 오 케이=book=책

에이치 오 티 이 엘=hotel=일본에 없는 것

이 '일본에 없는 것'이 많이 있었다. 스피치(speech)도 그중 하나였다. 일본에 없는 것이라도 어떻게든 번역어를 붙여보려고 많은 영어 학자가 노력했다.

결국 '연설'이라는 번역어가 생겨났다. 이 표현을 생각한 것은 후쿠자와 유키치(福澤諭吉)라고 알려져 있다.

이렇게 만든 번역어에는 우수한 것이 많아서 중국이 영어 번역어를 만들 때, 일본 번역어를 빌린 단어가 몇 백 개나 된다는 연구도 있다.

스피치의 번역어로는 훗날 웅변·변론 등과 같은 표현도 나타났으며, 연설보다 조금 짧은 인사 등의 의미가 강해졌다. 일본의 일반 사람은 스피치 등을 해본 적이 없었다.

패전 후, 미국의 여러 가지 풍속이 들어왔다. 스피치도 그중 하나였다.

일반 사람에게 처음으로 스피치가 나타난 것은 결혼식 피로연 파티였다. 호텔 등의 연회장에서 파티를 열었는데, 여러 참석자가 스피치를 했다.

너무 길어지면 안 된다는 점을 명심하는 사람은 오히려 적다. 대체로 미리 생각해온 스피치가 아니었다. 당일 축의금을 내면서 '인사 한 말씀'을 부탁받거나 했다.

스피치가 어떤 것인지 알지 못하므로 여유만만이다. 가볍게 '좋아요' 하고 받아들인다.

스피치의 어려움을 알고 있다면 그런 부탁을 받았을 때 거절하기 마련이다. '딱 한마디'라고 해서 경솔하게 떠맡는 것은 잘 모르기 때문이다. 짧기에 스피치는 버겁다.

미국의 역대 대통령 중에서 연설을 가장 잘한 사람은 제28대 대통령 윌슨이 꼽힌다.

어느 날 '3분 스피치'를 의뢰받자 윌슨은 이렇게 대답했다고 한다.

"한 시간 동안 연설하라고 하면 지금 당장이라도 시작할 수 있지만, 3분 스피치라면 적어도 하룻밤은 생각할 시간을 주어야 합니다."

물론 그러한 사실을 모르는 일본의 신사는 가벼운 마음으로 즉석 스피치를 시작한다.

어떤 얘길 할지 밑그림도 없이 말하는 게 난폭한 일인 줄도 모르고 어쨌든 떠들기 시작한다. 스스로 생각해도 무슨 말인지 모르는 이야기를 쏟아내는 사이 점점 탄력을 받아 유쾌해진다.

이윽고 '슬슬 끝내야 하는데……' 하는 마음이 들지만 이야기가 꼬리에 꼬리를 물어 못다 한 말이 자꾸 나온다. 멈추려 해도 브레이크가 잡히지 않는다.

"마지막으로……"라는 말이 나오자 듣던 사람들은 이제 끝나는 건가, 하고 생각하지만 "덧붙여서 하나만 더 말씀드리자면……" 하고 또 이야기한다.

청중은 질려서 옆 사람과 소곤소곤 대화를 나눈다.

제일 피해를 보는 곳은 주방이다. 만든 음식을 내가지 못하고 식어버리거나 여러모로 순서가 꼬인다. 그러자 젊은 요리사가 이렇게 말한다.

"스피치와 스커트는 짧을수록 좋다."

이렇게 뼈 있는 말을 직원들에게 건넨다. 주방장은 조금도 놀라지 않고 받아친다.

"스피치든 스커트든 없으면 더 좋다."

이렇게 말하며 주방장이 관록을 보였다는 우스갯소리가 있다.

스피치의 어려움은 차차 알려졌지만, 그만큼 스피치를 잘하는 사람이 늘어난 것은 아니다. 재미있지도 않은 이야기를 질질 끌며 정나미 떨어지게 하는 사람이 늘어나, 사람들은 스피치를 싫어하게 되었다. 결국에는 그런 파티도 기뻐하지 않아 성대한 피로연이 줄어들었다.

스피치 따위는 없었으면 좋겠다고 악담하던 요리사들도 할 일이 없어 한가해졌을지 모른다.

비슷하게 못하지만 사회적으로 잘난 사람일수록 따분한 스피치를 한다.

사장이 가장 먼저 제일 재미없는 이야기를 한다. 전무는 좀 더 낫지만 사장과 비슷하고, 이사는 전무보다 조금 나으며, 부장이나 과장급으로 내려가면 꽤 괜찮다.

동료를 까발리는 이야기는 자리에 있는 사람들을 흥분시킨다. 젊음이란 대단하다.

말을 잘하는 사람은 대물이다

쓰기와 말하기는 별개다. 문장을 잘 쓰는 사람이 꼭 이야기도 잘하는 것은 아니다. 그뿐 아니라 문장가 대부분은 말을 잘하지 못한다.

한 신문사의 이름난 기자가 부탁을 받아 유치원 아이들에게 이야기를 들려주기로 했다.

부탁하는 사람의 잘못도 있다. 세상만사에 능통한 기자가 유치원 아이들에게 이야기를 잘 들려줄 수 있으리라 기대했다면 생각이 짧았다고 말할 수밖에 없다. 유아 교육의 베테랑이라 하더라도 유치원 원아에게 3분 동안 조용히 이야기를 들려주기란 쉽지 않은 일이다.

기자는 그런 사실을 몰랐던 모양이다. 유유히 아이들 앞에 서서 이렇게 이야기했다.

"오늘은《플란다스의 개》이야기를 해줄게요."

그러자 제일 앞에 앉아 있던 아이가 바로 제 이야기를 했다.

"우리 집 개는 닥스훈트야!"

기자는 마음이 변했는지 이야기를 계속할 의욕을 잃고 결국 자리를 뜨고 말았다.

소학교 교장은 전교생에게 이야기해야 하는데, 이때는 유치원 원아와 다른 어려움이 있다.

1학년은 아무것도 모르지만 6학년은 꽤 머리가 굵다.

1학년을 대상으로 이야기하면 6학년이 지루해한다. 6학년에 맞추어 이야기하면 저학년은 무슨 말인지 하나도 알아듣지 못한다.

모두가 이해할 수 있고, 게다가 지루하지 않은 훈화를 하기란 신이 하는 일에 가깝다.

《교장 훈화집》이라는 책이 있어 널리 팔렸다고 한다. 같은 이야기를 듣는 아동이 일본 전국 여기저기에 있을 것이다.

학교 선생님이 되는 데 화법 교육을 받을 필요가 없으니 교사가 말을 잘하는 것은 오히려 우연일 뿐, 교장은 그런 교사 중에서 뽑히는 직책이라 이야기를 잘하는 교장이 있다면 미담으로 알려질 일이다.

오늘날 학교 교사보다 이야기를 잘하는 사람이 많은 분야는 정치인데, 정말로 이야기를 잘하는 사람이 그렇게 있는 것도 아니다.

옛날에 나가이 류타로(永井柳太郎)라는 정치가는 명연설로 유명했는데, 지금 그 녹음을 들으면 감명을 받는 사람이 많지 않다. 기세에 찬 말투가 거북하게 들린다.

필자는 다행히도 말을 잘하는 정치가의 이야기를 들을 수 있었다.

시골의 소학교 3학년 때 일이다. 방과 후, 운동장에 모여 아무도 모르는 아저씨의 이야기를 듣게 되었다.

분교 600여 명의 학생을 앞에 두고 바람 부는 단상에 오른 강사는 느긋하게 이야기를 시작했다.

"여러분, 모모 타로(桃太郞) 이야기를 알고 있나요?"

'모모 타로를 모르는 사람이 어디 있어!' 하고 생각하고 있는데 아저씨는 이렇게 질문을 던졌다.

"왜 모모 타로는 대단할까요?"

'음. 그건 생각해본 적이 없는데…….' 고개를 갸우뚱하며 단상 위의 아저씨 얼굴을 바라보았다.

아저씨는 천천히 모모 타로가 대단한 이유를 설명했다. 아이들도 아는 내용이었는데, 재밌게 듣는 사이 이야기가 끝나버렸다. 더 듣고 싶을 정도였다.

그 후 십수 년이 흘러 도쿄에서 학교를 다니게 된 필자는 우연히 그때 그 아저씨가 국회의원 오가사와라 산쿠로(小笠原三九郞)라는 사실을 알고 아주 기뻤다.

오가사와라 의원은 고향 선거구에서 당선된 직후, 우리 학교 학생들에게 이야기를 들려주러 왔다고 한다. 그냥 국회의원이 아니었다.

이야기가 재미있었던 것도 아니다. 인간으로서 깊이와 큰 그릇을 가진 분이었다.

이야기를 잘하는 사람은 머리가 좋고, 머리가 좋은 사람은 큰일을 한다는 사실을 몸소 실천하는 정치가였다.

하지만 오가사와라 산쿠로는 희귀한 사람이다. 저런 인재가 좀 더 많다면 일본 정치도 외국에 뒤지지 않을 텐데, 하고 가끔 생각했다.

적어도 필자는 80년 전에 들은 모모 타로 이야기를 지금도 또렷하게 기억한다.

문자 신앙에 사로잡히다

지금의 인간은 언어에 대해 잘못된 생각을 하고 있는데, 거의 그 사실을 자각하지 못한다. 일본만의 일이 아니라 선진국이라 부르는 곳은 어디든 그렇다.

한마디로 말하면 문자를 고맙게 생각하고, 입말은 괄시한다.

이런 경향은 19세기의 근대 교육에서 시작되었다.

근대 공교육은 글자를 못 읽는 인간을 없애는 걸 목표로 발족했다고 해도 과언이 아니다. 글을 읽는 능력, 리터러시를 높이는 것이 목표였다.

서구의 교육을 모방해 시작한 일본의 초등 교육은 문자 읽는 능력을 매우 중시했다.

패전 이전의 일본 소학교에서 국어 과목의 이름은 '읽는 법'이었다. 읽는 기술을 몸에 익히게 했는데, 기술이라 생각하지 않고 학력으로 간주해 가르치는 쪽도 배우는 쪽도 노력을 아끼지 않았다.

언어 공부란 글자 읽는 법을 익히는 일이었으므로 아이들은 교과서 속의 말 외에 다른 말이 있다는 사실을 모르고 성장했다.

소학교를 졸업하면 읽을 수 있는 글자가 얼마 되지 않지만, 그래도 유용한 능력으로 간주했다. 일상의 언어는 읽는 언어와 아주 조금만 겹치는데, 방언이 강한 지방에서는 문자와 음성을 다른 것으로 여길 정도였다.

음성 언어를 중시하는 교육은 소학교뿐만 아니라 중학교, 고등학교에서도 거의 문제로 취급하지 않았다. 가르치는 쪽도 입말이 언어의 기본이라는 인식이 없는 게 보통이었다.

문자 중심의 언어관은 교육에 따라서, 혹은 인식하지 못한 채 사회를 둘러쌌다. 명백히 편중된 문화이지만, 근대 교육은 그 사실을 감싸고 숨기며 모른 체해왔다.

물론 문자가 최초의 언어는 아니라는 사실을 알고 있지만, 어린아이들을 학교에 모아놓고 말을 가르치는 게 가능할 리 없다. 가정에 맡겼다.

부모는 아이를 낳긴 해도 그 아이의 '첫 말'을 가르치는 역할을 짊어졌다는 사실을 아는 경우가 드물다.

대부분은 지극히 자연스럽게 그때그때 되는 대로 언어 교육을 한다. 이런 점에서 고등 동물에서 볼 수 있는 '각인(imprinting)'이 인간에겐 결여되었다고 말할 수 있다.

미숙아로 태어난 아이는 곧바로 각인을 받을 상태가 아니라는 사실이 이 시기의 교육을 애매하게 한 이유일 것이다.

이유야 어찌 되었든 동물이 하는 각인을 포기하고 만물의 영장이라고 생각하는 것은 불손하다.

가령 언어의 각인을 하려고 생각하는 부모가 있다 해도 자신이 받은 적 없는 언어 교육을 어떻게 가르칠 수 있을까. 틀림없이 불가능하다.

부모는 "아이들은 자연스럽게 언어를 익힌다"고 무사태평한 소리를 하며 부끄러운 줄도 모른다.

이런 상태로 아이는 언어를 몸에 익힌다. 가르쳐주지 않는데도 배우는 힘이 신생아, 유아에게 있다는 사실은 놀랄 만한 자연의 섭리라고 할 수 있다.

40개월이 지나면 언어의 기본을 체득한다. 가르쳐주지도 않은 것을 어떻게 배울 수 있을까. 이는 인간의 신비 중 하나다.

첫 말은 듣기로부터 시작된다. 매우 능률 높은 방법으로 듣는다고 하는데, 어른이 되기 전에 이런 능력 대부분을 잃는다는 사실은 불행이다. 혹은 글자를 익히면서 사라지는 것인지도 모른다.

어쨌든 태어나서 몇 년간의 살아 있는 언어 경험 대부분이 소멸해

버리는 현실은 근대인이 짊어진, 의식하지 못한 십자가 같은 것인지도 모른다.

적어도 귀의 말이 눈의 말과 거의 절연한 것은 인간에게 중대한 문제다.

이런 사실을 인정하지 않는 교육은 왜곡되었다. 이를 깨닫지 못한 사회는 문자 신앙에 대한 반성이 부족해진다. 근대의 폐해 대부분이 여기서 생겼다는 점은 좀 더 널리 인정해도 좋을 것이다.

학교에 들어가서 처음으로 언어 교육을 받는 아이들은 결코 예외적인 존재가 아니다. 이전의 유년 시기는 귀의 말로 살았다.

학교는 생활에서 떨어진 눈의 말인 글자를 무리하게 주입하려 한다. 제대로 된 아이는 어찌할 바를 몰라 공부를 싫어하게 된다. 순종적인 아이는 시키는 대로 글자 언어를 익혀서 우수한 성적을 올린다. 그 그늘에서 많은 어른스러운 아이들이 얼마나 울었을까.

문자 신앙에 사로잡힌 사회는 곰곰이 생각해본 적도 없을 것이다.

현대는 문자를 익히는 기억력만을 중시한다. 기억력이라는 것은 망각과 안팎을 이루며 정신적 활력을 준다. 외우기만 하고 잊지 않는 머리는 있을 수 없다. 그러나 어쨌든 읽고 쓰기, 읽기 중심의 교육에 넋이 나가 있으면 망각은 나쁜 존재로 여겨진다.

잊지 않을수록 좋은 머리라는 오해가 일반적으로 자리 잡으면 지식 과다, 지식대사증후군에 걸린다는 사실도 알아차리지 못한 채 일종의 지식 바보가 횡행하게 된다.

지식 바보는 잘 잊는 머리를 무시하면서 생긴다. 원래 뇌에는 기억형과 망각형이 있음에도, 기억형 머리만 인정해 일그러진 지식 사회가 번영한다.

'읽고 쓰기' 중시의 함정

• • • • • •

음독과 묵독
언어 교육의 난점
아는 내용 읽기, 모르는 내용 읽기
'읽고 쓰기' 편향 교육
작은 언어
말하지 못하는 선생
그리스형과 중국형
추천 입학의 맹점
정직하지 못한 언어
쓰기는 어렵다
글로 쓴 것에는 거짓이 있다

음독과 묵독

요즘 사람은 '읽기'라고 하면 소리를 내지 않고 읽는 묵독을 떠올린다. 소리를 내어 읽는 음독은 예외라고 생각한다.

발생학적으로 보면 그 생각은 틀렸다. 묵독은 진화된 읽기 방법으로, 첫 시작은 음독이다.

어느 나라나 그렇지만, 읽기란 소리 내어 읽는 행동을 의미했다. 묵독에서 시작한 곳은 없다. 물론 일본노 그러했나.

쇼와 시대 초기까지 신문을 소리 내어 읽는 사람이 있었다. 주변 사람들이 시끄러우니 조용히 읽으라고 하면 소리를 내지 않고서는 읽을 수가 없다며, 그러면 의미를 이해할 수 없다고 대답하곤 했다.

다시 말해, 글자에서 직접 의미를 취할 수 없었다. 일단 음성으로 옮긴 후에 의미를 파악하는 식이었다. 쇼와 시대 초기까지 음독하는 사람이 있었던 셈이다.

언제부터 묵독이 시작되었을까. 일본은 잘 모르겠다. 다른 나라도 분명히 밝혀진 곳은 없으리라 생각한다.

근대 문명의 발달이 빨랐던 유럽에서도 묵독의 역사는 분명하지 않은 듯하다.

그중 영국에 오랜 묵독의 예가 분명히 남아 있다.

초서는 중세 영국의 최고 시인 중 한 명인데, 시를 통해 재미있는 이야기를 하곤 했다.

그는 14세기 후반의 시에서 5월이 되면 사람들은 들판에 나가 놀지만, "나는 돌처럼 읽기를 즐긴다"고 썼다. 분명히 묵독을 했다는 증거로는 가장 오래된 것처럼 보인다.

물론 초서의 시대에 묵독할 수 있는 사람이 얼마나 있었는지는 알 수 없다. 예외적이었다고도 볼 수 있지만, 초서가 태연하게 '돌처럼 읽는다'고 말한 것을 보건대 이미 일부 사람들 사이에서 묵독이 있었다고 상상할 수 있다.

옛날에 '읽기'는 자기 혼자서 읽는 게 아니라 주변의 다른 사람에게 들려주기 위한 목적이 있었다. 책은 한정되어 있고 글자를 읽을 줄 아는 사람이 많지 않았을 때, 혼자서 읽는 것을 다른 사람이 듣는 게 일반적이었던 모양이다.

가족이 같은 방에서 생활했으므로 책을 '듣는' 것이 지극히 자연스러운 일이기도 했을 것이다.

유럽에서는 근대 들어 가옥 구조가 바뀌어 가족이 같은 방에서 생활하는 일이 적어지고 각자 자신의 방을 갖게 되었다. 적어도 중류층 가족은 그러했다.

혼자 있는 방에서는 소리를 내어 읽을 필요가 없어 묵독이 많아졌다. 이것이 개인주의적 사고를 발달시켰다고도 볼 수 있다.

그건 그렇다 치고, 소리 내어 읽던 것을 묵독으로 전환하는 일은 그 정도로 쉬운 일이 아니라 새로운 기술로 습득할 필요가 있었다.

18세기 말부터 19세기에 걸쳐 시작된 유럽의 근대 기초 교육에서 읽기, 쓰기, 산술 능력을 주목적으로 한 것은 자연스럽고 당연했다. 특히 읽기가 첫째였다. 이 읽기는 묵독을 가리켰고, 음독으로 읽는 일은 적었다.

음독이 왠지 묵독보다 낮게 느껴지는 편견은 반성할 기회 없이 일반화해 근대인의 언어생활을 얼마간 독특하게 만들었다. 언어가 소리를 잃은 것이나.

따라서 시인조차 목소리의 복권을 잊어버리게 되었다. 일본의 시인이 자기 시에 나오는 한자 읽는 법을 질문받고 확실히 대답하지 못했다는 일화까지 생겼다.

소리를 내이(內耳)로 들으며 쓰는 것을 가령 '음서(音書)'라 하고, 문자 중심으로 쓰는 것을 '묵서(黙書)'라고 한다면 시인은 '음서'에 뛰어나야 마땅하다. 그러나 일본의 근대 시는 외국의 영향을 받아 소리에서 멀어진 '묵서'를 하는 경우가 많다.

현대 시가 우리의 마음에 울리는 작품이 되기 어려운 이유는 목소리와의 절연에 그 원인이 있는지도 모른다.

글자만 있고 소리가 없는 언어로 시를 쓰는 일은 극히 어렵다. 시가 언어에서 멀어져 회화에 가까운 것이 되는 일은 어쩔 수 없다.

단가(短歌)는 근대 시와 비교해서 훨씬 음성적이다. 가락(調)을 중시하는 특성은 오래되었기 때문이 아니라 근원적인 것이다. 한자의 사용이 적다는 특징은 우연이 아니다.

하이쿠는 한자를 축으로 한 시다. 단가보다 냉철한 무언가를 전달하는 시가 많은 것도 시각성이 높기 때문이다.

하지만 하이쿠는 소리를 버리지 않았다. 배후에 음성을 숨기고 있다. 바쇼(芭蕉)가 "천 번은 읊조려보시게" 하고 가르친 것은 소리를 중시하는 특성이 뒷받침된다고 말할 수 있다.

영국의 수학자이자 철학자 버트런드 러셀은 쉰이 지나고부터 '귀로 책 읽기'를 했다.

다시 말해 누군가에게 읽게 해서 그것을 들었다. 그 덕분에 문장이 아주 유려해졌다고 한다.

언어 교육의 난점

일본은 메이지 초기, 아무런 준비 없이 유럽의 초등 교육을 모방해 소학교 교육을 시작했다. 읽기 중심의 리터러시였는데, 당시 그 의미를 생각할 여유는 없었다. 어쨌든 읽는 법을 가르치자, 하고 시작했을 뿐이다.

그 전에 듣는 능력과 말하는 능력을 잘 길러놓아야 한다고 생각하는 사람도 없었다.

아무런 의문 없이 읽는 법을 가르쳤다. '국어'가 아니라 '읽는 법'이라고 했다.

입말은 처음부터 문제 삼지 않았다. 입말은 이미 알고 있다고 생각한 것이다. 그 입말이 당시는 방언이었는데, 문자 언어와 크게 다르다는 점을 생각할 융통성이 없었다.

100년이 지나도 도쿄의 공통어를 이해 못하는 대학 신입생이 없어지지 않았다.

문자 언어 교육을 받고 대학 입시에 합격할 수준에 올라도 교실에서 교사가 하는 말을 잘 알아듣지 못한다. 그런 수재가 불과 얼마 전까지 얼마나 많았는지 모른다. 이런 사실에는 전혀 관심을 갖지 않은 채로 국어 교육이 이루어졌다.

TV의 보급으로 겨우 전국 공통의 말이 일반화했다. 일본인의 지성이 이를 통해 변화했다고 보는 게 현실적이다.

문장을 읽는 것은 글자를 음성과 연결 짓는 일인데, 앞서 말했듯 음성이 공통어와 방언으로 나뉘어 있어 골칫거리였다.

소학교의 국어 교육은 확실한 근거 없이 이루어졌다고 해도 무방할 정도인데, 이러한 교육은 받는다고 해도 제 몫의 언어를 익힐 수 없다.

말, 문자에 '의미'가 있다는 사실을 소학교 6년간 확실히 이해하는 것은 아주 힘든 일이다. 말의 '의미'는 원래 관용을 통해 생겨났지 사전이 정하는 게 아니다. 그 사실을 국어 교사 대부분은 알지 못한다.

가장 현실적인 언어 교육은 음독이다. 음독하면 글자와 소리가 연결된다. 그렇게 하면 모든 아이가 언어를 잘 구사할 수 있다.

한 명 한 명 음독할 여유가 없는 교실에서는 아이들 모두가 일제히 입을 맞추어 '함께 읽기(齊讀)'를 한다. 이런 경험은 아이들에게 특별한 기쁨을 선사한다.

옛날에는 신입생이 꽤 길게 '함께 읽기'를 했지만, 패전 후에는 뒷전 취급당하며 존재가 희미해졌다. 하지만 최근 음독을 권장하는 유력한 의견이 제시되며 교육 현장도 조금씩 움직이고 있는 듯하다.

그러나 음독은 묵독에 들어가기 전의 준비와 같은 읽기로, 글자와 음성을 연결하는 데 그친다.

시험 삼아 음독해보면 알 수 있는데, 내용이 이미 아는 것이라면 의미가 바로 전해진다. 하지만 모르는 내용이면 단지 소리만 낼 뿐이지 의미가 수반되지 않는다. 그래서 그 후에 서둘러 묵독으로 옮기게 된다.

이것이 일본 언어 교육의 최대 난점이다.

글을 쓰다 보면 가끔 글자를 모르는 일이 생긴다.

'侃侃諤諤(성격이 곧아 거리낌 없이 바른말을 함-옮긴이)'이라고 쓰고 싶은데, 글자를 모른다. 모르는 게 아니라 까먹은 것이다. 전에는 글자로 쓸 수 있었는데, 소리만 확실히 기억하고 글자는 어렴풋하게만 떠오른다.

어쩔 수 없이 사전을 찾는다. 사전은 이럴 때 소리 나는 히라가나로 찾을 수 있어 자전(字典)이라는 말이 무색하다. 일본 국어사전을 찾으면 '간간악악(侃侃諤諤)'이 나온다.

반대로 한자는 아는 데 읽는 법을 모를 때도 있다.

몇 해 전, 유명한 관료가 '未曾有(미증유)'라는 단어를 알고는 있는데 읽는 법을 몰라서 '미조우(ミゾユウ)'라고 발음해 언론으로부터 웃음을 산 적이 있다.

이 정치가는 시각이 청각보다 강한, 요즘 일본인치고는 보기 드문 존재다. 보통은 '미조우'라는 음은 알고 있어도 한자를 잊는 경우가 더 많다.

'未曾有'라는 한자의 읽는 법을 모를 때, 또 '간간악악'의 한자를 찾기 위해 사전을 펼쳐도 아무런 도움이 되지 않는다. 한자 읽는 법을 알기 위해서는 한자사전이라는 다른 종류의 사전이 필요하다.

성격이 다른 두 개의 사전이 필요하다는 점은 일본어의 특징이다. 한자와 히라가나는 같은 일본어이면서도 문자로서 성격이 다르다. 의미를 나타내는 한자(표의문자)는 '눈의 언어'이고, 읽는 법인 음을 나타내는 히라가나(표음문자)는 '귀의 언어'인 셈이다.

일본어는 이렇듯 성질이 다른 두 가지 요소가 뒤섞여 있다. 하나로 뭉뚱그려 설명하기 쉽지 않다.

하지만 이런 특징이 플러스로 작용할지 마이너스로 작용할지 생각하는 사람은 거의 없는 듯하다.

옛날에는 중학교에 들어가면 국어사전 두 종류와 영일사전을 사야 했다.

영어는 영일사전 한 종류만 있으면 충분한데, 왜 국어사전은 두 종류 필요할까. 이런 의문을 품는 중학생은 없었다. 물론 교사도 잘 설명할 수 없었을 것이다.

전자사전을 쓰는 사람이 늘어난 오늘날, 일본어 국어사전에 두 종류가 있다는 사실조차 의식하지 못하는 것은 아닐까. 이것이 일본인의 사고에 영향을 미치고 있는 것으로 보인다.

아는 내용 읽기, 모르는 내용 읽기

의미를 수반하지 않는 음독은 근대 학교 교육에서 시작된 읽기 방법이 아니다. 예로부터 이루어진 한문 음독에서 시작되었다.

"子曰: 學而時習之, 不亦說乎." 《논어》 '학이'편)

스승이 "공자께서 말씀하셨다. 무언가를 배우고 때맞추어 그것을 복습한다면 역시 기쁘지 않겠는가?" 하고 소리 내어 읽는다. 제자는 듣고 똑같이 따라 한다.

이어서 스승이 말한다.

"有朋自遠方來, 不亦樂乎."

"친구가 멀리서 찾아온다면 역시 즐겁지 않겠는가?"

제자들은 스승의 말을 따라서 한다.

소리 내어 말하면 읽을 수 있는 것으로 친다. 처음 글을 배우는 소년 학습자들은 글자를 거꾸로 보고 있다는 사실도 알지 못한다.

그보다 주목해야 할 점은 어구의 의미를 알지 못한 채 앞으로 나아간다는 것이다. 의미 없는 읽기가 '소독(素讀)'이다. 상당히 난폭한 읽기 방법이지만, 처음으로 글을 배우는 사람은 어차피 내용을 종잡을 수 없으니 하나하나 따질 처지가 못된다.

읽는다는 행위를 글자와 음성을 이어서 의미를 이해하는 것이라고 정의한다면, 한문 음독은 '읽기'에 해당하지 않는다.

이렇듯 특수한 읽기 방법을 실천해온 일본인이다. 글자를 소리로 바꿔놓으면 의미는 저절로 통한다는 유럽의 읽기와 매우 동떨어져 있다.

한문은 별개로 하고, 일본의 말 중에서 음독을 통해 아는 것은 앞에서 언급했듯 이미 아는 내용에 국한된다. 미지의 내용이 적혀 있는 문장을 읽으면 대부분이 의미를 종잡지 못한다. 일본어 읽기의 큰 문제나.

외국에서도 읽는 사람의 지식, 경험을 뛰어넘은 내용이 담긴 문장을 이해하기란 어려움이 따르지만, 일본어에서는 상당히 어렵다.

다시 말해, 일본어에서는 음독과 묵독을 연결하기 힘들다. 음독에서는 이미 아는 내용밖에 이해하지 못한다. 묵독하면 읽고 있는지 어떤지조차 분명히 드러나지 않는다. 음독과 묵독은 단절되어 있다.

메이지 시대 이후의 국어 학습에서, 이 음독과 묵독의 단절을 심각하게 검토한 흔적은 찾아볼 수 없다.

이미 아는 내용을 읽는 음독과 이에 가까운 읽기를 가령 알파(α) 읽기라고 하자. 그리고 읽는 사람에게 미지의 내용을 포함한 다른 읽기 방법을 베타(β) 읽기라고 하자.

현재에도 알파 읽기에서 베타 읽기로 나아가는 확실한 방법은 확립되지 않았다.

그렇다고 해서 전혀 아무런 발전이 없었던 것은 아니다. 알파 읽기와 베타 읽기를 잇는 도구로 문학 교재를 도입했다.

문학적 표현에는 생활상 친밀한 요소가 많고, 알파 읽기가 가능할 것처럼 느껴진다. 실은 미지의 내용도 포함되어 있어 베타 읽기도 할 수 있다.

알파 읽기와 베타 읽기를 잇는 도구로 문학 교재는 유효하다. 그러나 이런 사실을 이해하는 교사가 많지 않다.

알파 읽기와 베타 읽기를 잇는다는 것은 잊고(처음부터 분명히 자각하지 못하는지도 모른다), 문학청년인 교사들이 문학을 좋아하는 소년소녀를 길러내는 결과에 그치는 경우가 적지 않았다.

국어 교육이 진정한 의미의 언어 교육에 이르지 못하고 소설이나 이야기를 좋아하는 아이를 길러낸 사실은 일본인의 지성에 큰 문제로 작용했다고 말하지 않을 수 없다.

알파 읽기의 언어는 스토리 요소가 많지만, 베타 읽기의 언어는 논리적이라고 말할 수 있다.

일본인이 스토리 사고에 치우치기 쉬운 것은 알파 읽기의 언어가 베타 읽기의 언어를 압도해왔다는 사실과 관련이 있다.

'읽고 쓰기' 편향 교육

근대 일본의 불행은 언어가 약하다는 점이다. 게다가 이 사실을 의심하지도 않았다. 언어는 지금도 울고 있다. 어떻게든 해보려는 시도조차 없이 문화의 활력을 잃어가고 있으며, 일부 사람들 사이에 위기감이 감돌기 시작했다.

언어의 불행은 메이지 유신 때부터 시작되었다고 말해도 좋을 것이다. 정치 혁명을 일으킨 사람들에게 문화를 생각할 여유와 교양이 없었던 점은 어쩔 수 없다.

아무튼 외국 문물을 '섭취'하려 했다. 섭취라는 말은 좋지만 실상은 차용이자 모방이었다.

그 속에서 외국어를 국어로 삼자는 움직임이 일지 않았던 게 다행스러울 정도다.

일부 식자에게 국어를 바꾸려는 생각이 있었지만, 이를 억누른 것은 언어적 내셔널리즘이었다. (패전 후, 일본어를 버리자는 망언을 내뱉은 사람들을 억제한 것도 역시 일본어 내셔널리즘이다. 일본의 엘리트 문화인은 조금은 언어에 약하다.)

국어는 지켜냈지만, 언어 교육에는 열심이지 않다기보다 무관심하고 외국에서 하는 일을 제대로 이해하지도 못한 채 모방했다. 영어 교육에 멀리 이르지 못했다.

외국의 언어 교육이 왜곡되었다는 사실을 지금도 알지 못하는데, 그 옛날 메이지 시대에는 이해했을 리가 없다.

유럽과 미국의 의무 교육 중에서 잘못된 것은 언어를 생활에서 분리해 지식이나 기술로서 가르치려 했다는 점이다. 언어 교육으로서는 중대한 결함이지만 이를 가정 교육으로 채워왔다.

언어 교육 제도를 받아들일 때, 가정의 교육 능력을 고려하는 과정은 없었다. 그래서 예상에서 빗나간 언어 교육을 하게 되었다.

서양에서 언어 교육이 생활로부터 분리되어 이루어진 것은 19세기 들어서부터다.

'읽기, 쓰기, 산술'이라는 3R(Reading, Writing, Arithmetic) 능력 기르기를 목적으로 했다. 지금은 리터러시라고 부르는 것으로, 문화가 뒤처진 나라에서는 이 능력을 높이는 것이 큰 관심사다.

일본은 일찍부터 읽고 쓰기 교육이 이루어졌으므로 3R의 리터러시 교육은 강을 건너려던 차에 배가 오는 것처럼 시기적절해서 단순한 모방은 아니었다고 말할 수 있다.

이 리터러시를 언어 능력의 전부라고 생각한 점은 서양으로부터 받은 영향으로, 일본은 이를 한층 더 세련되게 만들었다.

패전 이전의 소학교는 국어의 읽는 법을 중심으로 학습을 진행했지만, 언어 전체를 가르치는 것은 아니라는 사실을 자각했는지 국어라고 하지 않고 '읽는 법'이라고 불렀다.

'쓰는 법'은 문장을 쓰는 게 아니라 붓으로 글자 쓰는 방법을 가르쳤다. 문장 쓰는 것은 '엮는 법'이라고 불렸는데, 본격적인 수업은 이뤄지지 않고 숙제로 적당히 넘어가는 정도에 그쳤다.

이러한 언어 교육을 아무도 의문 삼지 않았다는 게 이상하지만, 이는 패전 때까지 이어졌다.

패전 후, 미국에서 교육 시찰단이 찾아와 일본의 교육 전반에 관한 개선을 권고했다.

일본의 국어 교육은 미국 교육자들에게 큰 충격을 안겨주었다고 한다. 미국 교육자들은 일본의 학교가 읽기에 편중되어 듣고 말하기에 관해 아무것도 지도하지 않는다는 사실에 놀랐다. 심각하게 편향되어 있어 읽기, 쓰기, 듣기, 말하기의 네 가지 기능을 골고루 다루어 교육해야 한다고 일본 측에 권고했다.

점령하의 일이라 두말없이 권고에 따라 학습 지도 요령을 작성했다. 놀란 것은 교육 현장이었다. 이야기하는 법, 듣는 법 따위는 전혀 알지 못한다. 그런 내용은 가르친 적 없는 사람이 보통이었다. 오로지 독해만 가르쳐왔을 뿐이다.

이대로는 안 된다는 반성의 목소리가 흘러나와 일부에서 작문 교육이 이루어졌다. 그러나 작문 대회에 입상하는 수준을 목표로 하는 곳이 많아서 진정한 문장 쓰는 법을 가르치는 교사는 없다고 말해도 좋을 정도였다.

일본의 학교는 이 시점에서 저항 운동을 일으켰다. 교사뿐만 아니라 교육위원회, 나아가 문부성도 이 네 가지 기능을 고루 학습하는 방식을 무시했다.

국어 검정 교과서는 당초 구색을 갖추는 수준의 화법, 듣는 법 교재를 나란히 두는 시도조차 없이 언제라고 할 것도 없이 그만두었다. 이것이 부당하다는 목소리는 어느 곳에서도 일지 않아 문제 되지도 않고 사라졌다.

일본인은 언어를 소중히 대한다. 열심히 언어를 배운다. 옛날에는 '말의 혼으로 행복한 나라'라고 부를 정도였는데, 이때 말은 글자가 중심이었다.

듣고 말하기는 '말'임에 틀림없지만, 굳이 따지자면 가치가 낮은 '말'에 속한다. 일상에 지장이 없으면 그걸로 족하다. 일부러 공부할 필요까지는 없다. 이러한 생각이 사회 전반에 침투해 있다.

작은 언어

읽고 쓰려면 배우지 않고는 할 수 없지만, 듣고 말하기는 배우지 않아도 할 수 있다. 이러한 편견이 상식으로 자리 잡은 것은 어제오늘 일이 아님은 물론, 메이지 시대 이후의 서양 모방에서 비롯된 것도 아니다.

먼 옛날 중국에서 한자, 한문이 들어왔을 때로 거슬러 올라간다. 바다로 가로막힌 먼 나라의 말이다. 소리로 듣는 것은 불가능에 가까울 정도로 곤란했다.

글자가 된 말을 책의 형태로 해독하는 일, 그것이 학문이었다. 발음 따위는 적당히 넘어갔다. 내용을 듣거나 말하거나 하는 일은 생각해보지도 않았다.

언어는 문자이자 문장이라는 오해를 오해로 알아차리지 못한 채 근대에 이르렀다. 아무리 학문을 해도 중국 사람들과 대화하는 행동은 있을 수 없으니 듣고 말하는 언어를 일찍이 포기했다.

대신 필담이라는 방법을 고안해냈는데, 이 말도 생활과 단절되었다는 자각은 없었다.

언어는 문자이자 문장이다. 이렇게 생각하는 사람이 듣고 말하는 언어를 딱히 가치가 낮다고 여기는 것은 자연스러운 일이다.

언어는 크게 글자(文)와 음성(言)으로 나뉜다. 물론 음성이 중요하지만 그렇게 인정하지 않는다. 글자를 상위에 둔다.

서양의 언어를 배운 뒤 음성과 글자가 가까운 관계에 있다는 데 놀라, 일본의 언어에서 둘이 멀리 떨어져 있는 것을 문화의 후진성이라고 잘못 받아들인 문학자 등이 메이지 시대에 언문일치 운동을 일으켰다.

이러한 운동에 관심 없는 일반 사람들은 근거도 없이 지금은 언문일치가 실현되었다고 생각하지만, 일본 언어의 음성과 글자 사이는 심히 나쁘다. 어지간해서는 일지시킬 수 없나. 1000년 동안 이어진 언문 별도의 전통은 견고하다.

이를 보고 아무것도 생각하지 않는다면 지적 성실함에 문제가 있는 것이지만, 반성의 목소리가 높아지지 않는 것은 일본의 불행 중 하나다.

문학과 문장에 감사하며 이야기를 듣는 행동을 무시해온 것은 단순한 언어 문제가 아니라, 일본인의 지성과 사고력을 약하게 만들고 있지 않은가. 이러한 걱정은 새로운 문화 창조에서 귀중한 사안이지만 외국 문물에 심취한 문화인이 판을 치는 현상에 동조하는 사람도 적지 않다.

일본 언어의 위기다. 일본인의 지성과 사고력의 위기다.

'듣고 말하기'의 언어를 제외한 '읽고 쓰기'뿐인 언어는 '작은 언어'다. '큰 언어'의 반도 되지 않는다. 음성 문화가 눈부신 기세로 성장하고 있는 오늘날, 작은 언어를 중심으로 움직이는 인간의 한계는 분명하다.

큰 언어를 익혀야 한다.

· · · · ·

가장 현실적인 언어 교육은 음독이다.
음독하면 글자와 소리가 연결된다.
그렇게 하면 모든 아이가 언어를 잘 구사할 수 있다.
한 명 한 명 음독할 여유가 없는 교실에서는
아이들 모두가 일제히 입을 맞추어 '함께 읽기(齊讀)'를 한다.
이런 경험은 아이들에게 특별한 기쁨을 선사한다.

말하지 못하는 선생

학교에는 학생들이 '이야기할 수 있는 선생님'이라고 부르는 교사가 있는데, 이야기를 잘한다는 뜻이 아니다. 학생들이 말하는 대로 들어주거나 만만한 교사를 이렇게 부르곤 한다.

정말로 이야기를 잘하는, 이야기를 할 수 있는 교사도 없지는 않지만 새벽하늘의 별 정도밖에 없다.

비단 지금의 일이 아니라, 예로부터 교사는 화법에 능숙하지 못했다. 그저 큰 소리로 혼낼 뿐인 선생이 태반을 차지했다.

패전 이전의 소학교 정식 교원은 사범학교를 나온 사람들이었다. 사범학교는 모든 학교 중에서 가장 정성껏 교육했다. 사소할지라도 교사로서 익혀야 할 것들을 가르쳤다.

가령 교실 칠판에 글을 쓰는 '판서법(板書法)'을 교육했다.

"옆으로 긴 칠판 중앙에 큰 글자를 쓰세요. 가장자리 가까운 곳에 쓰면 반대편 학생은 보기 힘듭니다."

이렇게 세세한 것까지 주의를 기울였다.

옛날에는 습자·서예를 중시했으므로 사범학교에서는 착실히 서예 공부를 시켰다. 교본은 문부성과 관련 있는 서예가[쇼와 시대 첫 10년 정도는 스즈키 스이켄(鈴木翠軒)]가 쓴 글로 일본 전국이 동일했다.

졸업할 무렵에는 모두 나란히 교본과 똑 닮은 아름다운 해서체를 쓸 수 있었다.

아이들은 선생님이 쓰는 글자를 보고 선생님을 존경했다. 각 가정의 부모가 자기 식대로 쓰는 글자와 비교하면 하늘과 땅 차이였다.

습자 시간에는 선생님이 큰 붓으로 먹물을 묻혀 글을 썼다. 그 아름다움은 아무것도 모르는 1학년에게도 잘 전달되었다.

이때는 심한 취업난 때문에 대학을 나와도 일할 곳이 없어 소학교에서 대체 교원을 하는 사람이 있었다. 이런 교사는 해서체 쓰는 법도 몰랐다.

분필 판서도 깔끔하지 못해 안정감이 없었다. 여차하면 엉망인 행서체를 썼다. 아이들 마음에도 이건 아니라는 생각이 들었다.

아이들은 필적이 고운 정식 선생님의 글자와 비교하며 무시했다.

지금은 거의 없어졌지만, 얼마 전까지 패전 이전의 사범학교에서 교육을 받은 사람이 있었다. 전혀 모르는 사람이라도 글자만 보면

'사범학교 출신'이라는 걸 알 수 있었다. 아름다운 풍치의 정갈한 글자는 사범학교를 나온 사람이 아니고서는 쓸 수 없었다.

글자를 쓰는 일과 관련해 옛 사범학교는 세계적으로도 유례없는 교육을 했지만, 입말에는 전혀 관심이 없었다.

읽기를 가르치고 붓으로 글자를 쓰고 분필로 판서하는 법을 가르쳐도 어떤 목소리로 어떤 식으로 말할지는 하나도 가르치지 않았다. 가르치는 선생도 없었다.

읽고 쓰기를 할 수 있으면 교사 일은 할 수 있다는 생각은 유럽식 리터러시 사상에 따른 것일 테지만, 그런 사실도 모르고 목소리와 화법을 완전히 무시했다.

당시는 사범학교 교사라도 음성학, 발성법 등의 소양을 지닌 사람은 없었다.

중학교 교사를 양성하는 영어과는 부족하게나마 음성학을 가르쳤지만, 사범학교에서는 입말과 음성에 완전히 무관심했다.

사범학교를 나와 소학교의 정규 교사가 되면 신진기예라는 말이 딱 들어맞게 힘 넘치는 수업을 한다. 여름이 되면 피로가 쌓여 몸이 안 좋아진다. 그래도 여름 방학이 있어 다행이지만, 가을 학기가 시작되자 다시 몸이 안 좋아진다.

진단을 받으면 결핵, 폐병이라는 무시무시한 죽을병에 걸렸다는 사실이 밝혀진다. 입원해도 호전되지 않고 눈 깜박할 새에 젊은 목숨을 잃고 마는 경우도 빈번해 세상 사람들은 고개를 갸우뚱했다.

학교 선생이란 편한 직업이다. 농사 등에 비하면 꽤 괜찮은 생활을 보낸다. 왜 폐병에 걸리는지 이해할 수 없다.

누가 한 말인지는 모르지만, 범인은 분필이라는 설이 퍼졌다. 불가사의하게 여기던 사람들이 이 의견에 동조해 분필 결핵(?) 이야기가 일본 전국에 퍼졌다.

교사들도 '그런가?' 하며 칠판을 지울 때는 가루를 들이마시지 않도록 손수건으로 입을 가렸다. 하지만 결핵은 조금도 줄지 않았다. 예상이 빗나간 것이다.

새로 부임한 소학교 교사들이 예기치 않게 병에 걸리는 이유는 과로 때문이었다. 과로를 개의치 않고 계속 일했기 때문이다.

슬픈 부지(不知)다. 나라 전체가 이 사실을 깨닫지 못한 것은 너무나도 아픈 이야기다.

소학교 교사가 되면 평소와 달리 큰 소리를 내야 한다. 큰 소리는 배에서부터 나온다. 복식 발성이다. 이를 모른 채 목으로 소리를 내는 흉식(胸式) 발성을 하면 과로는 배가된다.

복식 호흡, 흉식 호흡을 알 리 없는 새내기 교사는 큰 소리를 쥐어짠다. 이런 과정이 몸을 아주 많이 지치게 한다.

소학교 선생은 전 과목 담임이 원칙이다. 맡은 반의 수업을 아침부터 오후까지 모두 해낸다.

아이들은 학생답지 못한 행동을 하기도 한다. 소곤소곤 이야기를 나누는가 하면 떠들기도 한다. 무심코 목청을 높이지만, 목소리를 잘 내는 법을 모르니 가엾다. 무리하게 소리를 지른다.

이 문제는 최근 들어 불거지기 시작했으니 옛날 선생들은 이를 알리가 없었다. 하지만 큰 소리로 이야기하는 것은 아주 많은 에너지를 소모한다. 조깅을 하는 것과 같은 정도의 에너지가 필요하다고 한다.

하루에 대여섯 시간 수업하는 것은 같은 시간 동안 조깅을 하는 것과 같은 정도의 체력을 소모한다.

대사 증후군 우려가 있는 사람이라면 체중 감량 효과가 있지만, 패전 이전 영양 부족에 걸리기 쉬운 사람이 이런 흉내를 냈다간 그냥 끝나지 않는다. 슬픈 희생으로 청년 교사가 죽어간 것이다.

말하는 방법과 발성법을 배웠더라면 많은 사람이 피할 수 있었던 불행이다. 외국의 사정은 잘 모르지만, 일본에서 두드러지게 나타난 사고였다.

목소리가 잘 나오지 않는다든지 이야기를 잘 못하는 것은 패전 후에도 변함이 없었다. 영양 사정이 좋아지며 결핵은 줄어들었지만, 정신 장애와 성대 문제 등은 적지 않은 듯하다.

비단 교사뿐 아니라 발성 훈련, 말하는 법에 대한 교육은 지금도 중요한데 무시당하고 있다.

옛날 마이크가 없던 시절의 배우는 행사장 구석구석까지 들리는 목소리를 만들기 위해 적잖은 노력을 했다.

예술을 하는 사람은 밤에 지붕에 올라 겨울바람을 맞으며 목소리를 단련했다는 이야기가 있다. 목소리를 기른다는 점에서는 사범학교보다 앞서 있었다고 할 수 있다.

성능 좋은 마이크가 당연해진 현대에는 이러한 수행도 소용없게 되었다. 탤런트는 그저 큰 목소리를 낼 뿐이다. 역시 단련된 목소리로 말하고 이야기해야 한다.

그리스형과 중국형

희망하는 사람이 많고 받아들일 수 있는 인원이 한정되었을 때, 경쟁이 일어나고 우열을 정하는 선택이 필요하다.

오늘날 생겨난 과정이 아니라 예부터 사회적으로 바람직하다고 인정받는 코스를 원하는 사람이 많아지면 선발은 필연적으로 생겨났다. 그 방법은 크게 그리스형과 중국형 두 가지로 나뉜다.

그리스형 선발은 추천, 보증을 통해 이루어진다. 자격 있는 사람이 지원자의 능력을 인정하고 추거, 추천, 보증하는 것이다. 채용하는 쪽은 추천을 신용해 받아들인다.

인간적이다. 언어를 통해 인간을 평가할 수 있다고 생각하며, 낙관적이고 성선설에 따른 선발이다. 그 이면에 정실이나 허위가 개입할 여지가 있고, 추천자를 올바로 선별하는 것이 어려운 점이다.

중국형 선발은 이른바 성악설에 입각했다고 보면 되는데, 추천과 관련한 정실·허위를 배제하고 철저한 필기 시점을 제도화했다. 뽑는 사람은 수험자를 전혀 모르는 경우가 보통이고, 정실 등이 개입할 여지는 없다. 필기시험에서는 객관적 우열을 매길 수 있다.

이를 제도로 확립한 것이 중국의 과거 시험이다. 나라의 고위 관료는 모두 이 과거에 합격해야만 했다.

필기시험은 지식을 물을 수 있지만 인간 고유의 힘을 알 수는 없다. 대화를 희생하고 지식 공부를 하지 않으면 시험에 합격하지 못한다.

그 때문에 원만한 인간이 되기를 포기해야 하는 경우도 있다.

찔러도 피 한 방울 나오지 않는 차가운 관리는 될 수 있어도 인간다운 인재를 얻기는 어렵다.

일본에서는 오래전부터 중국의 사회, 문화에 많은 영향을 받았지만 과거와 같은 엄정한 채용 시험이 제도화하지 않고 얼마간 그리스형 선발이 이루어졌다.

메이지 시대에 접어들며 입학자 선발의 필요성이 생겨나자 필기시험이 제도화되었다. 그러나 시험만으로는 충분하지 않다는 생각이 일반적으로 강했는데, 예를 들어 장사하는 사람이 일꾼을 고르는 것은 그리스형 선발에 따랐다.

외국 문화에 많은 영향을 받은 관청, 학교, 훗날 기업이 필기시험으로 중국형 선발을 실시했다.

패전하기 전에는 공적 경쟁에는 시험을 실시하고, 사적인 인선은 보증 등 그리스형으로 선발했다.

하지만 패전 후 미국의 영향으로 인해 대기업 등에서는 입사 시험이 주류로 자리 잡았다. 그러나 필기시험으로 정말 우열을 가릴 수 있는지에 관한 의문은 지울 수 없다.

필기시험에서 분명히 우열을 가릴 수 있는 점은 기억을 중심으로 한 지식 능력과 이해력이라는 사실을 사회 전체적으로 망각하고 있고, 학교 당국 역시 이를 못 본 체하고 있다. 그 결과 한쪽으로 치우친 인재를 엘리트로 여기는 사태를 피하기 어렵다.

학교의 입학시험에서 면접을 중시한 것도 패전 이후의 일이다. 그 전까지는 면접시험이 있기는 했지만 별탈이 없는 한 합격에 영향을 미치지 않았다.

추천 입학의 맹점

입학시험은 예로부터 사회 문제로 번져 계속 흔들려왔다. 선발은 부자연스러운 일로, 이상적인 방법이 있을 리 만무하니 흔들리는 것이 당연한지도 모른다.

다만 시험을 치르는 젊은이들에게는 일생에 두세 번 있는 관문이므로 선발 기준이 오락가락해서는 곤란하다.

패전 후 얼마 지나지 않았을 때, 도쿄의 한 국립대학 부설 중학교가 입시 방법을 크게 바꾸었다.

그때까지는 계속 남학생만 받았는데, 여학생도 입학하게 된 데 맞춰 입학시험도 이전까지의 필기 중심에서 개선해 면접을 중시하고 필기 반, 면접 반으로 배점했다.

새로운 시도였으므로 면접시험은 교장을 비롯한 간부 교사 몇 명이 면접관으로 나섰다. 그리고 각 면접관의 점수를 합한 총점으로 합격 여부를 결정했다.

시험 결과, 한 여학생이 특출 나게 높은 점수를 얻었다. 각 위원 모두 만점을 주었기 때문이다. 교사들은 얼마나 우수한 아이가 들어올지 기대했다.

4월 새 학기가 시작되고 얼마 지나지 않아 신입생 학급에서 수업하는 선생님들이 수군댔다.

훌륭하게 잘할 수 있어야 하는데 전혀 그렇지 않았다. 간단한 질문에도 답하지 못했다. 저런 아이가 어떻게 최고 득점을 얻었을까. 면접관들의 눈은 옹이구멍인가. 젊은 교사들을 중심으로 면접관을 비난하는 목소리가 나왔다.

잘난 체하며 선배를 공격한 교사들 또한 면접 시험관을 시키면 비슷한 일이 벌어질 거라고 생각하는 사람은 없었다.

다시 말해 학교 전체, 교사 전체가 면접시험이라는 방식을 잘 이해하지 못했다. 면접시험에서 점수를 매기는 과정의 어려움도 생각하지 않았다.

이런 시험을 치르는 수험생은 한마디도 할 수 없었다. 아이들 가정도 이렇게 심한 시험이라는 사실을 모르니, 모르는 것이 약이라고 가만히 있었다.

이 중학교는 면접시험을 치를 능력을 갖춘 선생이 없는데도 면접

시험을 시작했다.

그때까지 몇 십 년이나 명문 남학교로 이름을 떨쳤으니 여교사도 없었다. 남녀 공학으로 바꾸고 서둘러 가정 교과를 담당할 여교사를 구했다.

게다가 면접에 들어간 교사는 모두 여학생을 대한 경험이 전혀 없는 데다 용모가 단정한 학생을 선호했다. 사정이 이러니 잘되지 않은 게 당연하다.

수석으로 입학한 여학생은 아저씨들이 사족을 못 쓰는 천진난만하고 귀여운 얼굴이었다. 면접관들은 여학생의 귀여운 외모에 눈이 멀어 모두 최고점을 주었던 것이다.

충격을 받은 학교는 다음 해부터 원래의 필기시험 중심으로 되돌렸다.

필기시험으로 알 수 있는 것은 기억하는 지식과 문자이지만, 수험생의 얼굴이나 모습을 보지 않으니 괜한 판단이 개입할 여지가 없다. 1점 단위로 점수를 매길 수도 있다.

입학시험은 경쟁이므로 1점의 차이가 합격과 불합격을 결정하기도 한다. 정확하고, 나쁜 주관에서 벗어날 수 있다는 점에서는 타당한 선발 방법이다.

이런 일이 발생하고 20년 정도 지났을 무렵, 필기시험 일변도를 두고 비판의 목소리가 수험생을 둔 가정을 중심으로 높아졌다.

필기시험에서는 평소의 학력을 올바르게 잴 수 없다. 요컨대 평소 아이의 생활 모습을 아는 학교의 추천에 따른 입시를 해야 한다는 주장이었다.

선거구를 둔 정치가가 이를 이용하려 했던 모양이다. 지방자치단체의 수장이 추천 입학을 추진하려 했다.

필자는 우연히 A현의 교육위원회로부터 위촉을 받아 추천 입학 검토위원회 위원이 되었다. 추천하는 주체의 지적 성실함에 얼마간 의문을 품고 있었기에 필자는 안이하게 추천제를 도입하는 데는 신중한 입장이었다.

위원회에 나와 보니 다른 위원이 거의 전부 추천제를 찬성해서 놀랐다. 사전에 그렇게 인선을 해두었기 때문일 것이다.

위원장은 그 지역의 국립대학 학장으로 물론 추천제에 찬성했다. 위원회의 결론은 물론이거니와 추천제 도입을 지지해 다다음 해부터 이를 실시했다.

대상은 중학교에서 고등학교로 진학하는 입시였지만, 나중엔 대학 입학에도 추천제를 도입했다. 미국 대학에서 실시하는 제도라며 누구도 반대하기 힘든 명분을 내세웠다.

미국에서 잘 이뤄지고 있다고 해서 일본에서도 똑같이 잘되리라는 보장은 어디에도 없다. 더욱이 추천자가 무책임한 일본에서 이런 제도가 원활하게 돌아간다면 그게 오히려 기적이라고 말할 수 있을 정도다.

　쓸쓸한 마음으로 그 후를 지켜봤는데, 10년도 지나지 않아 추천제의 부정적인 점이 수면 위로 올라와 다시 제도를 손보게 된 사실은 흥미로웠다.

정직하지 못한 언어

필자는 꽤 오랜 세월 동안 대학 입시에서 수험생의 학생기록부를
검토하는 역할을 맡았다. 그리고 고등학교에서 써놓은 말이 실로 엉
터리라는 사실을 알게 되었다.

조금 잘한다 싶으면 '발군(拔群)'이란다. 같은 학년에 발군인 학생
이 몇 명이나 된다.

성적이 시원찮은 학생에게는 '학생들 사이에서 인망이 최고로 높
다'며 적당히 얼버무리는 말이 적혀 있다. 어차피 거짓말을 할 거라
면 좀 더 그럴싸한 거짓말을 생각할 순 없는 걸까.

미국의 대학은 일본 유학생이 제출하는 추천서를 거의 신용하지
않는 듯하다.

일본인이 쓴 추천서는 정직하지 않다는 시각이 일부에서 정평이

나 있다는 점은 중대한 문제다.

일본인은 마음에도 없는 소리를 쓰는 능력이 문장력이라고 생각하는 경향이 있는데, '정직은 최고의 대책'이라는 말을 곱씹어볼 필요가 있다.

'정직은 최고의 대책'이라는 말은 원래 상인들 사이에서 쓰던 영국의 말이지만, 일본에서는 교육이나 문화 분야에서도 거짓이 너무 많다.

일본의 말은 어딘가 꾸미는 데 관대하다. 곰보 자국도 보조개라는 말로 구워삶는 걸 능력이라고 오해한다. 일본어는 정말 힘을 가졌는지 아닌지 반성해볼 필요가 있다.

기업도 입사 시험을 치른다. 필기도 있고 면접도 있지만, 시험에 관한 경험은 학교나 대학에 영향을 미치지 못한다. 옥을 버리고 돌멩이를 들이는 일이 꽤 빈번하게 일어난다. 특별한 능력을 요구하는 자리가 아니라면 제3 기관에 선발을 위탁하는 편이 안전하고 현명할지도 모른다.

제3자 선발을 하는 곳이 국가시험이다.

최근 무분별하게 국가 자격이 늘어나 괴로워하는 사람이 급증하고 있는데도 사회는 무관심하다.

가장 피해를 보는 것은 외국에서 일본으로 일하기 위해 온 사람들이다. 외국인에게도 일본인과 같은 필기시험을 치르게 한다.

외국인에게 일본어를 잘 가르칠 수 있는 사람이 거의 없는 상태에서 외국인한테 일본어 능력을 요구하는 것은 부당하다.

뜻을 이루지 못한 채 앙심을 품고 귀국하는 사람이 얼마나 많은지 알 만한 사람은 모두 안다. 이를 내버려둔다면 일본의 수치다.

일본인은 좀 더 말을 소중히 해야 한다.

능변가처럼 언어를 구사하는 것이 아니라 성실한 말을 소중히 해야 한다. 문자와 문장의 기술을 과대평가하는 경향을 반성하지 않으면 안 된다.

말하고 듣는 언어로 생각해 판단하고 선택하는 힘을 기르는 것은 읽고 쓰기 교육보다 훨씬 손이 많이 가고 어려운 일이다.

이렇게 생각하는 사람이 늘어나지 않으면 일본은 세계의 흐름에 뒤처질 위험이 크다.

필기시험도 면접시험도 언어를 사용한다는 공통점이 있다. 문자를 통한 필기시험과 입말을 통한 면접시험은 언어의 한계가 있기에 가장 좋은 것, 더 나은 것을 꼽기 어렵다.

그래서 생겨난 방법이 '탈언어(脫言語)'의 선발이다. 모두 알아차리지 못했지만 언어 불신을 포함한 방법이 나타났다. 바로 선거다.

말이 아니라 수치로 우열을 가린다. 민주 사회에서는 이것이 가장 앞선 선발 방법이라고 공인되어 있다.

그리스형이든 중국형이든 말을 통한 선발이라는 사실은 같지만,

선거는 수의 원리로 우열을 정한다. 어떤 인물이든 최대 득표를 얻은 사람이 승자다. 아무튼 수치가 모든 것을 말한다. 언어 이상으로 무언가를 말하는 것을 사람들은 이상하게 생각하지 않는다.

언어는 낡고 병들고 약해져서 수치가 힘을 갖게 된 데는 인간 역사상 원래부터 있었던 다수결의 원리가 비대해졌기 때문인지도 모른다.

우리는 다시금 말의 힘에 관심을 가질 필요가 있다.

쓰기는 어렵다

학교를 나오고 몇 년 지났을 때, 필자는 생각지도 못하게 월간지 편집을 맡게 되었다. 다른 잡지와 병행하는 조수가 한 명. 거의 모든 일을 혼자서 해야 했다. 훗날 생각해도 꽤 무리하게 일을 시키지 않았나 싶다.

웬만한 일에는 놀라지 않았지만, 예상치 못한 데서 충격을 받았다. 불과 열 줄 남짓밖에 안 되는 여백 메우기 기사가 써지지 않았다.

그 전까지도 문장을 쓰는 데 자신이 있었던 것은 아니지만, 짧은 문장을 쓰는 것은 긴 글보다 왠지 쉬울 거라고 생각했다.

그 짧은 문장이 써지지 않았다. 잘 쓰지 못한 것이 아니다. 전혀 쓸 수 없었다.

잡지를 만들면 여기저기 여백이 생긴다. 이 여백을 메우기 위해 글을 싣는다. 여기가 편집의 실력을 보여주는 곳이라는 것을 갑자기 편집자가 된 필자는 알 턱이 없었다.

이까짓 글, 별것 아니라며 덤벼들었다가는 큰코다친다.

몇 번이나 고쳐 써도 나아지지 않는다. 포기하고 원고를 넘긴다.

짜여 나온 자신의 문장을 보면 울고 싶은 기분이다. 손으로 쓴 문장에서는 전혀 보이지 않던 결점이 지겹도록 또렷하게 눈에 띈다.

종이가 새빨개지도록 고치고 또 고쳐서 인쇄소로 돌려보낸다. 인쇄되어 나온 교정쇄를 보고 다시 자기혐오에 빠진다.

인쇄소에서는 무얼 하고 있냐며 질책이 들려온다.

매달 이런 공백을 메우는 기사를 네댓 개 쓰다 문장 공포증에 걸려버렸다. 지금껏 무얼 해온 걸까. 돌이켜보고 우울해졌다.

생각해보면 문장 쓰는 법을 배운 적이 한 번도 없었다.

시골 소학교라서 뒤처지기도 했겠지만, 패전 이전의 소학교는 다들 비슷했으리라 생각한다.

'읽는 법'이 국어 교육이었다. 글자 그대로 문자 읽는 법을 배운다.

'쓰는 법'이라는 수업도 있었지만, 문장을 쓰는 것이 아니다. 붓으로 글자를 쓰는 수업이다. 정규 교과로 매주 배웠다. '습자'라는 말도 있었다.

문장 쓰는 법을 '엮는 법'이라고 했는데, 수업을 위한 시간이 정해져 있지 않았다.

가끔 숙제가 나온다. 아무거나 써도 좋고 생각한 바를 자유롭게 쓰라고 했지만, 곧이곧대로 쓴다고 제대로 된 문장을 쓸 수 있는 것은 아니었다.

어느 아이가 "우리 집에는 시계가 하나밖에 없다. 아버지가 가지고 나가면 어머니는 시계가 없다"는 문장을 썼다.

그 무렵, 대부분 집에는 괘종시계도 없었다. 회중시계를 가진 사람은 부자임이 틀림없었다. 그런 시절에 아이는 시계, 즉 회중시계에 관한 이야기를 썼다.

다른 사람은 아이가 쓴 문장의 의미를 전혀 이해하지 못했다. 선생님도 이상하다고 생각해서 반 아이들에게 소개했다. 그때 반에 감돌던 불가사의한 분위기를 평생 잊을 수 없다. 그 아이는 느낀 바를 자유롭게 썼지만, 다른 사람에게 전해지는 서술 방식은 아니었다.

옛 중학교는 지금의 중학교보다 똑바로 된 교육을 했는데, 문장 쓰는 법은 소학교와 별반 다를 바 없었다.

시간표에 작문은 없었다. 국어 시간이 끝날 때쯤 언제까지 작문을 제출하라는 숙제가 나왔다.

문장 쓰는 법은 일절 가르치지 않는다. 자유 작문이다. 이것이 과제 작문보다 어렵다는 사실은 교사도 아마 생각해본 적이 없을 것이다.

3학년 때, 필자가 쓴 작문에 국어 선생님이 "이론만 내세운다. 좀 더 솔직하게 쓰도록"이라는 평가를 남겼다. 어린 마음에도 평가가 마음에 들지 않아 자신감을 잃고 말았다.

5학년이 되어 다른 국어 선생님께 수업을 받았다. 역시 작문 숙제가 나왔다. 그때 막연하게 느끼던 바를 있는 그대로 썼다.

잘 정리가 안 돼서 걱정하고 있는데 "자기 내면을 바라본 점이 좋았다"라는 칭찬이 돌아왔다. 그때 잃었던 자신감을 다소 회복했다.

문장을 잘 썼다고 칭찬받은 적은 이때 한 번뿐이니 보잘것없는 이야기다.

영문과 학생이 되고 나서 필자는 오로지 영어로 된 글을 읽었다. 영어로 된 글이라면 영국인, 미국인에 지지 않을 정도로 빠르게 읽을 수 있어 남몰래 우쭐했다.

영어 작문 교육은 거의 받지 않았지만, 잘 읽다 보면 어떻게든 문장은 쓸 수 있는 법이라고 생각했는데, 실제로 그랬으니 쓰기를 등한시한 점은 어쩔 수 없다.

20대 초반은 매일 영어만 읽었다. 왜 그렇게 해서는 안 되는지 알려주는 사람도 없으니 천하태평이었다.

영어 교사라면 그걸로 먹고살 수 있지만, 앞에서 언급한 대로 잡지 편집이라는 생각지도 않은 일을 떠안게 되자 내 일본어가 텅텅 비었다는 사실을 깨달았다.

이제 와서 가르쳐줄 사람도 없다.

아무튼 일본어로 된 책을 읽지 않으면 안 된다. 문장을 생각하면 소설은 좋은 교본이 되지 않겠다 싶어서 에세이, 그때는 '수필'이라고 부르던 글을 읽었다.

그때 데라다 도라히코(寺田寅彦)와 우치다 햣켄(內田百間)을 만났다.

도라히코는 중학교 때 국어 교과서를 통해 알게 되어 남몰래 관심을 가졌다.

본격적으로 전집을 읽은 다음 시간을 두고 두 번 더 읽었다. 문장도 좋지만 사물을 바라보는 관점에 강한 영향을 받았다.

우치다 햣켄의 에세이는 우연히 만났다. 일이 풀리지 않아 기분 전환 차 짧게 여행을 떠날 때 시간을 보내려고 구입했다.

《햣키엔 수필(百鬼園隨筆)》을 통해 일본어가 이렇게 아름다운 언어였다는 사실에 눈이 번쩍 뜨였다. 반복해서 여러 작품을 읽자 일본어가 좋아지고, 영어와 거리를 두게 되었다.

• • • • •

'듣고 말하기'의 언어를 제외한
'읽고 쓰기'뿐인 언어는 '작은 언어'다.
'큰 언어'의 반도 되지 않는다.
음성 문화가 눈부신 기세로 성장하고 있는 오늘날,
작은 언어를 중심으로 움직이는
인간의 한계는 분명하다.
큰 언어를 익혀야 한다.

글로 쓴 것에는 거짓이 있다

글책을 많이 읽고 있으면 문장이 사실을 올바르게 표현하고 있는 듯한 착각에 빠진다고 한다.

문장을 신용한다. 반면, 바탕을 이루는 말이나 감정 등은 문장보다 낮은 것처럼 느껴진다.

다시 말해, 문장을 과신하고 무심코 믿는다.

문장이 일정한 가공이라는 점을 무시했기 때문인데, 현실적이지 않다.

실제로 일어난 일을 전달하는 말을 생각해봐도 목격자 등이 말하는 것과 이를 전달하는 문장 사이에는 큰 차이가 있다.

입말은 상당히 많은 부분이 버려진 채 문장이 된다.

좌담회 등에서 나눈 말이 인쇄본으로 나오면 너무나도 의도와 다른 내용이 많다. 이래서는 안 된다. 이렇게 고쳐야 한다며 교정이라 기보다 가필을 한다.

말과 글이 크게 어긋나 있는 증거다.

다만 문장이 불충분한 것이 아니다. 속기나 녹음 등을 문자화한 것에 편집자가 상당히 변경을 가했을 가능성이 있다. 실제로는 도중에 이야기한 내용이 끝부분으로 옮겨지는 일도 일어난다.

원래 이야기를 존중한다면 이러한 편집이나 교정할 때의 본문 수정은 '가공'이다. '번역'이라고 생각해도 좋다.

얼마간 거짓이 존재하는 셈이다.

활자 신앙과 인쇄 존중의 사고방식은 이런 사실을 일부러 감추고 '문장제일주의'를 확립했다.

독자는 활자화한 문장을 완결된 것으로 믿는다. 이런 생각에 익숙해져서 생각하지 않고 문장을 신용한다.

문장은 입말의 요약이자 압축이다.

상당히 자유로운 번역임을 우리는 배운 적도 없이 활자와 문장을 신용한다. 문장에서 원래 이야기에 도달할 수 있다고 단정한다.

아무리 충실해도 번역은 번역이다. 완전한 번역을 생각해도 실제로는 존재하지 않듯 대상을 과하거나 부족함 없이 충실하게 표현하는 문장은 존재할 수 없다.

일기는 다른 사람에게 보여주는 글이 아니다. 문장을 꾸밀 필요도 없으니 있었던 일을 있는 그대로 글로 옮길 수 있음이 틀림없다.

하지만 일기를 써보면 문장의 기세에 눌려 더 크게, 더 극적으로 사실과 다른 내용을 적을 때가 없다고는 할 수 없다.

문장은 입말보다 훨씬 엄격한 제약이 있으므로 실제 있었던 일을 있는 그대로 전달하기란 입말 이상으로 커다란 이물질이 개입할 우려가 있다.

다시 말해, 문장을 꾸미고 왜곡 아닌 왜곡을 하게 된다.

인간은 결코 사물을 있는 그대로 표현할 수 없다. 생각한 바를 그대로 표현하는 것도 불가능하다.

처음에는 입말로 '번역'해 이야기한다. 그 이야기에 더욱 문장화(文章化)라는 번역을 더해 문장이 만들어진다.

문장은 원래의 마음, 생각, 사실에 이중으로 번역을 더한 셈이다.

문장제일주의를 따르면 원래 있었던 일에서 나오는 말은 지양하고 문장을 차용하게 되는데, 여기에 포함된 일종의 거짓에 눈을 감는 것은 문제다.

역사는 대부분이 문장으로 만들어진 이상, 문장의 허위성을 용인한다면 역사가 과거를 재현할 수 있다는 생각은 문자, 문장, 기록이라는 존재에 대한 과신과 오해를 도외시한 셈이다.

잃어버린 과거는 결코 재현할 수 없다. 아무리 양심적인 기록도 과거를 있는 그대로 전달하기란 불가능하기 때문이다.

반드시 후대 사람의 가공, 수정, 번역이 더해진다. 그렇게 생각하는 것이 타당하다.

문장이 내포하는 필연적인 허구, 거짓을 인정하면 우리는 넓은 의미의 픽션에 둘러싸여 있다는 사실을 인정하지 않을 수 없다.

문장을 쓰기 어려운 것은 이 문제를 제 나름대로 뛰어넘어야 하기 때문이다.

문장을 쓰는 행위는 그런 의미에서 가장 개성적인 활동이지만, 그렇다고 해서 말하기보다 높은 가치가 있는지는 곰곰이 생각해볼 문제다.

녹음과 영상 등의 재생 기술이 발달한 현대에는 이런 인식상의 '번역'을 새로운 각도에서 조명해도 좋겠다.

문장을 쓰기 어렵다는 사실은 충분히 알려졌지만, 그 속에 있는 '창조'적 측면은 앞으로 파고들어 연구할 것이 많다.

"생각한 바를 생각한 대로 쓴다." 이는 절대 낡지 않을 명제다.

The Power of Listening · 04

올바른 언어생활

• • • • • •

말의 거리 감각
마주하려 하지 않는다
악마의 언어
'코끼리는 코가 길다'라는 큰 문제
그녀
높임말을 향한 편견에 한마디
경원하는 마음
명령형을 싫어한다
번역이라는 것
끝없이 이어진다
단락을 알 수 없다
△형과 ▽형

말의 거리 감각

아이들은 태어나자마자 곧장 말을 배운다. 가르치는 어른에게 배운다는 자각이 있는 경우는 오히려 적다. 다만 말을 걸 뿐이다.

아이들은 걸어주는 말을 주워서 언어를 익히는데, 처음 한동안은 혼돈에 빠져 뭐가 뭔지 이해 못한다. 수동적으로 언어를 익힌다.

이윽고 아이는 발성과 발화를 하게 된다. 대체로 대화 상대가 있다. 혼잣말을 하기도 하지만, 상대방에게 말을 걸면서 언어 활농을 시작한다.

말을 발화하는 주체는 1인칭인 '나'지만, 어린 아이에게는 이러한 자각이 없는 것이 보통이다. (일본어는 이 1인칭의 자각이 약한 게 특색인지도 모른다. 성인이 되어서도 1인칭을 사용하지 않고 말하거나 문장을 쓸 수 있다.)

1인칭과 달리 '너'라는 2인칭은 일찍부터 인식한다. 눈앞에 있는 사람이 2인칭의 상대이기 때문인데, 존재하지 않으면 커뮤니케이션이 성립하지 않는다. 언어는 존재하지 않게 된다.

문자로 옮겨가서도 우선 읽는 것부터 시작한다.

읽는 것은 자기 자신이지만, 자의식 없이 글을 읽는 것은 충분히 가능하다. 1인칭은 없어도 읽기는 가능한 셈이다.

하지만 쓰기로 옮겨가면 상대방이 필요하다. 이것은 말하기의 상황과 같다.

1인칭 의식은 없더라도 누구를 향해 쓸지, 2인칭을 분명히 하지 않고 문장을 쓰기란 어렵다.

초등 교육의 작문에서 생각한 바를 생각한 대로 자유롭게 쓰라는 식의 지도는 극히 어려운 일을 요구하는 셈이다.

분명 2인칭을 제시하고 그쪽을 향해 쓰는 것이 현실적인데, 문장의 2인칭은 말할 때의 2인칭과 다르게 '보이지 않는다'. 그런 점에서 3인칭인 '그 또는 그녀'에 가까우므로 2.5인칭이라고 할 수도 있다.

이렇듯 묘한 상대방을 향해서 글을 쓰기란 지극히 어려운 지적 활동이다. 상당한 연습이 필요하지만, 지금까지의 교육에서는 이를 거의 배려하지 않았다.

입말이 생각을 더 잘 표현할 수 있음이 분명하지만, 가끔 너무 강할 때가 있다. 말하기를 피하거나 애매하게 둘러대는 사교의 원리가 작용한다. 이를 통해 말하기의 힘이 약해진다.

옛날에 히라타 도쿠보쿠(平田禿木)라는 영문학자가 있었다. 잡지 편집자 등이 찾아가서 집필 의뢰를 했다. 대체로 흔쾌히 승낙한다.

하지만 그 편집자가 다른 곳을 둘러보고 사무실로 돌아오자, 조금 전 만난 도쿠보쿠로부터 속달 우편이 와 있다. 열어보니 "조금 전 이야기를 다시 생각해보았습니다만, 맡기 어려울 것 같습니다. 아무쪼록 이해해주시기 바랍니다"라는 내용이다.

이런 일이 몇 번이나 일어났고, 점차 많은 사람에게 알려졌다.

도쿠보쿠는 처음부터 거절하고 싶었다. 눈앞에 있는 상대방에게 안 된다고 말하는 게 마음에 걸렸다. 기껏 찾아온 상대방을 배려해야 했다. 일단 알았다고 하고 돌려보내기로 한다.

그래서 듣기 좋게 대답한다. 상대방은 그런 마음도 모르고 조금 전의 'Yes'가 'No'로 바뀌었다는 데 놀란다.

도쿠보쿠 쪽에서 보면 눈앞의 편집자는 분명한 2인칭의 존재다.

2인칭에게는 진짜 속마음을 말하기 어렵다. 언어 감각이 예리한 사람은 그렇게 느낀다. 말을 부드럽게 하고 싶다. 다시 말해 사교의 원리가 작동한다.

그래서 마음에도 없는 말을 하게 된다.

손님으로 마주하는 편집자는 2인칭이다. 그 나름의 배려를 하기에 생각한 바를 그대로 전달할 수 없다.

돌아간 편집자는 다르다. 상대방이 아니라 멀리 떨어진 존재가 된다. 3인칭은 아니지만 그에 가까운 2.5인칭 정도로 느껴진다.

2인칭이었을 때는 할 수 없었던 말이 2.5인칭의 존재가 되면 쉬워진다.

쇼와 천황을 모신 이리에 스케마사(入江相政) 시종장은 인생의 달인이었다고 한다. 인간 심리의 미묘한 사정을 잘 알고 있었다.

어느 곳에서 다른 사람의 의뢰를 거절할 때는 소로문[候文: '소로(候)'라는 표현이 들어가는 편지글-옮긴이]이 좋다고 말했다.

솔직히 얼굴을 마주하고서는 도무지 거절할 수 없는 일이라도 편지로 하면 훨씬 자유로워진다. 특히 전통적이고 일상적이지 않은 소로문의 편지글로 하면 자유롭게 말할 수 있으면서도 상대방에게 주는 충격을 누그러뜨린다. 이러한 배려를 엿볼 수 있다. 풍부한 경험이 뒷받침된 지혜라고 할 수 있다.

자유롭지 못한 소로문이 오랫동안 널리 쓰인 이유는 일본인의 상냥함 때문이 아닐까.

필자는 구제도의 중학교 5년간을 학교 안에 있는 기숙사에서 지냈다.

가정에서 떨어져 생활하기란 아이에게도 마음고생이 많지만, 자신과 비슷한 사람이 있다는 사실을 피부로 느낄 수 있어서 고생이 적은 통학생보다 더 많은 경험을 할 수 있었다.

그중에서도 부모와의 거리를 느낀 적이 많다.

함께 살았다면 시끄럽다고 생각했을 텐데, 떨어져 있으니 왠지 마음이 끌린다. 재미도 없고 오히려 기뻐하며 집을 떠나 기숙사로 들어간 만큼 떨어져서 느끼는 부모님을 향한 감정은 복잡 미묘했다.

매주 아버지로부터 편지가 왔다. 쓸 말도 없는데 꼼꼼하게 봉해져 있을 때가 많았다. 독특한 문장을 써서 기숙사 친구들이 싸늘한 시선으로 볼 정도였다.

편지든 엽서든 소로문이었고, 수신인 칸에는 항상 '귀하'라고 적었다. 자기 자식에게 '귀하'라는 말을 붙인 편지를 쓰는 어른의 마음은 아이의 이해를 뛰어넘는 것이었지만, 익숙해지고 나니 뭐라 형언할 수 없는 산뜻한 마음이 느껴졌다.

편지는 항상 "학업, 공부에 전념하기를 바란다"라는 문장으로 끝났다. 소로문의 형식을 잘 갖춰서 쓴 글이었다.

'공부해라'는 얘길 들었다면 짜증이 났겠지만, "학업, 공부에 전념하기를 바란다"라는 베일에 싸인 표현이라면 마음에 깊게 박힌다. 제 몫을 하는 사람 취급을 해주는 것 같아 나쁜 기분이 들지 않았다.

마주하려 하지 않는다

'나와 너'가 확실한 언어에서 상대방은 눈앞에 대치해 있다. 상대방을 직시한다. 눈을 피하는 행동은 좋지 않다.

일본어처럼 '나와 너'가 확실하지 않은 언어에서는 상대방과 마주하는 일을 되도록 피하려 한다.

나란히 같은 쪽을 향한다. '서로', '모두'라는 의식으로 살고 있다.

얼굴을 마주해도 상대방을 똑바로 보는 것은 실례라고 생각해서 여기저기를 바라본다. 뒤가 켕기는 일이 있어서 눈을 피할 때와는 다르다. 대립하기를 꺼리는 것이다.

이런 언어에서 1인칭, 2인칭의 말이 성립하지 않는 것은 당연하다. 가능하면 사용하고 싶지 않은 단어가 1인칭과 2인칭이다.

써야만 하는 상황에서도 되도록 정면충돌을 피하려 한다. 언어상으로 공경하되 멀리하는 것이 예의다. 높임말을 중시하고 간접적, 완곡적, 다의적 표현을 선호하며 그러한 어법이 발달한다.

이를 인정하지 않는 유럽어의 영향을 받는 정도가 강해짐에 따라 일본어는 조금 혼란스러울 수밖에 없었다.

1인칭 어법을 확립하고자 하는 사회적 심리가 있어도 확실하게 정해지지 않았다.

일본어의 1인칭인 '와타시(私)'나 '와타쿠시(わたくし)'는 조금 길다. '보쿠(僕)'는 여성들이 쓸 수 없다. '아타시(あたし)'는 남자가 쓰면 이상하다.

'보쿠'는 당초 윗사람에게는 쓰지 않는 말이었다. 지금도 격식을 차려야 하는 곳에서는 '보쿠'를 쓰는 것은 좋지 않다고 여긴다.

2인칭은 더 골치 아프다. 영어의 'you'처럼 1음절의 말이 있으면 좋을 텐데, 하고 생각하는 사람은 있다.

원래 일본어에서는 상대방을 직접 부르는 것은 무례하다고 생각한다.

먼 옛날, 신분이 낮은 사람이 귀한 사람에게 직접 말을 하는 것은 '직화(直話)'라고 해서 허락되지 않았다.

옆에 대기하는 산다유(三太夫, 집사) 등을 향해서 '감히 아뢰옵니다'라는 일종의 간접 화법을 하는 것이 예의 바르다고 여겼다.

그런 심리는 문명개화기를 지나서도 거의 사라지지 않았다. 그 때문에 눈앞의 상대방을 부르는 말이 없다. 무리하게 말하면 이상하게 느껴진다.

당신이라는 뜻의 '아나타(あなた)'는 원래 존경의 마음이 들어 있었지만, 지금은 세속화해 윗사람에게 쓰면 실례되는 표현이다. '너'라는 뜻의 '기미(きみ)'는 더 쓰기 힘들다.

학교 아이들은 교사를 부를 때 '선생님'이라는 호칭을 쓴다. 교사는 자기 자신을 가리키는 말이 없기에 '선생님'을 1인칭으로 쓰면서도 이상하다고 생각하지 않는다.

동료를 부르는 2인칭을 고심하던 정치인이 상대와 관계없이 '선생님'이라고 말하는 관습을 퍼뜨린 것은 재미있는 이야기인데, 상대방을 공경하면서도 멀리한다는 자각은 없었던 듯하다.

그러한 정치인이 논쟁을 벌이는 모습은 떠올리기 힘들다. 말이 아니라 돈이 모든 것을 말하는 정치가 되는 것은 어쩔 수 없다.

상대방이 분명하지 않은 일본어와 일본인에게 전화는 새로운 문제를 던졌다.

전화 상대방은 멀리에 있다. 옛날이라면 직접 말할 일이 없는 존재다. 목소리는 그대로 전해지지만 모습도 얼굴도 보이지 않는다는 점에서 지금껏 생각할 수 없는 새로운 상대방이 나타났다.

당연히 어울리는 말이 필요했지만, 그런 고민을 하는 한가한 사람이 없으니 여러 가지 일이 벌어졌다.

그중 하나가 싸움이다. 친한 친구와 전화하는 동안 싸우는 경우가 적지 않았다. 만났을 때는 아무 일도 일어나지 않는데, 오래 전화를 하고 있으면 싸움으로 번졌다.

둘 다 상대방이 보이지 않으니 자제가 안 되는지도 모른다. 완곡하게 말하지 않고 본심을 드러내게 되는지도 모른다.

전화할 때 1인칭과 2인칭은 얼굴을 마주할 때의 말과 달라야 한다는 사실을 우리는 아직 잘 이해하지 못한 듯하다. 전화로 생기는 문제는 일반적으로 주의를 받는 것 이상으로 많다.

싫어도 눈에 띄는 문제가 전화 금융 사기다.

10년 정도 지났지만 피해는 늘어나는 경향이다. 어찌 된 일일까.

수화기 너머의 목소리를 제대로 알아듣지 못한다. 상대방을 확인하는 데 허술하다. 속아 넘어가기 쉬우니 나쁜 사람들이 먹잇감으로 노리고 돈을 쓸어 담는다.

아무리 떨어져 산다고 하더라도 손주라면 몇 번은 만났을 것이다. 말소리나 말투 등 완전히 다른 사람을 진짜라고 착각하는 이유는 상대방을 가려내는 능력이 부족하기 때문이다.

아들이니 손주니 하더라도 제대로 상대방을 파악하지 않는다.

왠지 멀게 느껴지는 데다 실제로도 멀리 떨어져 따로 산다.

어딘가 쓸쓸한 마음이 드는지도 모른다. 좀 더 가까이 있어주면 좋겠다는 마음도 담겨 있는지 모른다.

그때 도와달라는 전화가 온다. '아이고, 기뻐라' 하는 마음이 앞선다. 수상한 말은 듣고 흘려버린 채 상대방이 시키는 대로 한다.

금전적인 피해를 보고도 속았다는 사실은 그다지 원망하지 않는지 모른다. 신경을 써도 두 번이나 당하는 경우가 적지 않은 현실도 우연은 아닐 것이다.

상대방을 똑똑히 확인한다. 상대방과 말을 나눔으로써 자신을 확립할 필요가 있는 사회가 되어가고 있다. 새로운 말의 힘을 익힐 필요가 있다.

악마의 언어

일본어를 연구한다는 한 영국인이 "일본어에는 방언의 수만큼 문법이 있다"며 혀를 찼다고 한다. 그 말을 듣고 화내는 사람이 없었다는 것은 일본인이 문법을 잘 모르기 때문이다.

영어 문법이라면 '학교 문법(school grammar)'이라는 학습자 대상의 문법을 통해 약간의 지식을 익혔지만, 일본어 문법에 대해서는 그 정도의 지식도 없다.

학교에서 가르치는 일본어의 국문법은 고전, 글말 문법으로 입말 문법은 거의 배우지 않는다.

현대 일본어의 입말 문법은 없다고 봐도 좋다. 문화 국가로서 조금은 부끄러운 일면이다.

일본인은 모국어는 포기하고 외국어로 겨루어야 한다는 생각을 가진 사람을 길러냈다고 누군가가 주장해도 갚아줄 말이 없다.

대학을 나온 사람의 영어 실력 따위는 이야깃거리가 되지 못하지만, 그래도 일본어 지식보다는 나을지 모른다.

아무래도 일본인은 일본어를 좋아하지 않는 측면이 있다. 명예도 없다.

이미 수십 년도 더 된 일이지만, 미국의 유명 잡지 〈타임〉이 일본 문화 특집호를 낸 적이 있다.

물론 일본어를 논한 기사도 있었는데, 제목은 이른바 '악마의 언어'였다.

이 기사를 읽은 일본인이 얼마나 되는지 모르겠지만, 〈타임〉은 일본에서도 가장 많이 읽는 영문 잡지다. 상당히 많은 일본인이 읽었음에 분명하다.

필자 역시 그중 한 사람이지만, 읽고 매우 화가 났다. 제대로 읽지도 못하는 외국어를 형편없다고 물어뜯는 행동은 지식인이 할 일이 아니다.

이런 기사를 봤다면 일본인으로서 반발하지 않을 수 없다. 하지만 일본인은 대체로 너무나 점잖고 너무나 평온하다. 누구도 대꾸하지 않았다.

참을 수 없어서 필자는 가끔 반론을 썼지만, 동조하는 사람은 전혀 없다. 일본어를 싫어한다고 볼 수밖에 없다.

〈타임〉이 일본어를 '악마의 언어'라고 단정 지은 근거 중 가장 큰 이유는 1인칭 대명사다.

서양 언어에서 1인칭 단수는 하나밖에 없다. 영어는 'I'인데, 일본어는 '와타시', '와타쿠시', '보쿠', '오레(俺)', '와시(わし)', '와가하이(わが輩)' 등 여러 가지가 있다. 왜 하나로 쓰지 않는지 알 수 없다고 〈타임〉 기사는 말한다.

"그보다 더 이상한 것은……" 하고 〈타임〉의 공격은 이어진다. 즉 이렇게 많은 1인칭 대명사가 있는데 전혀 쓰지 않고도 문장을 만들 수 있다며 놀란다.

〈타임〉은 지적으로 높은 수준을 자랑하는 잡지다. 기자, 집필자는 제 나름대로 교양이 있음이 분명하지만, 일본어에 관해서는 심각한 무지를 드러냈다.

일본어 지식이 부족하기 때문이다. 일본의 연구자가 외국인이 이해할 수 있는 문법, 어법을 생각하지 않기 때문이다.

'악마의 언어'라는 제목 역시 미국인이 처음 발명한 것은 아니다. 400년 전 스페인 선교사가 만든 말이다.

일본에 포교하러 온 가톨릭 신부들이 일본어의 어려움에 호되게 당하고 화가 난 나머지 "일본의 언어는 신이 만든 언어가 아니다. 악마의 언어다"라고 로마 교황청에 보고했다. 이를 〈타임〉이 차용한 것이다.

〈타임〉의 폭언은 일단 제쳐두고, 왜 일본어에는 1인칭이 몇 개나 있는데 이를 쓰지 않고도 문장을 만들 수 있는지 깊이 생각해본 일본인이 지금껏 있었을까.

・・・・・・

그리스인은 걸으면서 대화,
요컨대 듣고 말하고 생각했다고 한다.
아울러 글로 쓴 것을
살아 있는 말의 그림자와 같은 존재로 여겼다.
실제 대화야말로 살아 있는 말이며,
따라서 최고의 사색 또한
이러한 말로 이루어진 것이 당연했으리라.

'코끼리는 코가 길다'라는 큰 문제

다이쇼 시대부터 '코끼리는 코가 길다'라는 문장이 문제가 되었다. 이 문장에는 주어가 두 개 있는 것처럼 보인다. '코끼리는'과 '코가'라는 주어가 그것이다. 이중(二重) 주어라고 여겼다. 하지만 국어 전문가는 손을 대지 못했다.

제2차 세계대전이 끝나고 전문가도 아닌 수학 교수였던 미카미 아키라(三上章)가 문제를 해결해 그 결과를 《코끼리는 코가 길다》라는 책으로 냈다.

'코끼리는'의 '~은/는'은 주어가 아니라 주제를 나타내는 것이라고 설명한다. 이 '~은/는'은 '나는 토끼다'의 '~은/는'과 같으며, 주제를 나타내므로 주어가 아니라고 생각하면 해결된다. 영문법 지식이 있으면 '~은/는'을 보고 주어라고 생각하기 쉽다.

미카미의 책은 일본의 국어 전문가로부터 무시당했지만, 구소련의 학자가 주목해 높은 평가를 받았다고 한다. 구소련에서 책을 주문받아 오히려 일본이 당황했다. 제목을 보고 아동서가 아닌가, 하고 찾았다는 이야기도 있다. 그 정도로 무시당했다.

구소련의 학자가 어떻게 이 책의 존재를 알았는지는 알 수 없지만, 일본인보다 일찍 가치를 안 것은 러시아인의 지성이 날카롭다는 사실을 뒷받침한다.

1인칭에 대해서는 아직 '코끼리는 코가 길다'에 해당하는 문장이 나타나지 않았다.

일본어에 유럽어와 비슷한 문법이 있다는 생각 자체도 의문스럽다. 메이지 시대 초기, 일본어에는 문법이 없었다고 할 수 있을 정도였다. 그것을 보고 영국인 등이 일본 문법을 만들었다. 당연히 유럽어 문법의 틀을 도입했다.

외국인에게는 이해하기 쉬웠을 테지만 꽤 무리해서 만들었으니 일본 문법으로 인해 일본어가 잃은 것은 분명 적지 않다.

문명개화의 시대에 문제 삼기는 어려웠다. 알고 있어도 말하기 꺼려졌다.

구어 문법이 없는 일본어는 울고 있다. 언어라면 역시 문법을 원한다.

문법은 글로 쓴 문학, 문장의 규칙이다. 그러나 말의 규칙을 글의 문법 속에 넣는 것이 과연 타당한가. 말의 규칙은 문장의 규칙과 다르지 않을까. 이런 사소한 의문을 품은 사람이 적어도 전문가 중에는 없었다.

처음부터 '구어 문법'이라는 표현 자체가 말이 되지 않는다. 이것은 영어 등에서도 해결되지 않은 문제다. 글의 문법에 비해 말의 화법이 부족한 현상은 세계적으로 봐도 큰 문제다.

문학과 문장을 말보다 고급스럽고 가치 있는 것으로 여기는 구텐베르크 인쇄 혁명의 꼬리가 남아 있는 증거로, 앞으로는 이 문제를 뛰어넘어야 한다.

그녀

일본어 문법에서는 인칭이라는 카테고리가 불필요한지도 모른다.

유럽어 문법은 '나와 너', 즉 1인칭과 2인칭을 기축으로 한다. 대립하며 때로는 대적하는 등 상당히 어수선하다.

동쪽 바다에 있는 군자의 나라(일본)는 이러한 관계를 일찍이 벗어나 '화합으로 만사를 이루는(和をもって貴しとなす)' 사회를 만들었다. 말이 이를 반영하는 것은 당연한 일이다.

일본어에는 '나와 너'에 상당하는 말이 없고, '우리들', '서로', '우리'라는 복수 형태로 1인칭에 해당하는 의미를 표현했다. 2인칭 역시 '너'라 말하지 않고 '너희들'이라고 말한다.

단수를 선호하지 않는 것은 개성이 약하기 때문이 아니라, 상대방에게 부드럽게 다가가려는 심리가 작용했기 때문이다.

영문법 등의 3인칭 단수(he, she)는 원래 일본어에서 낄 자리가 없었다.

쇼와 시대 초기 중학교에서 아이들이 3인칭 여성 'she'를 번역한 말이 '그녀'라고 배울 때, 교실 곳곳에서 실소가 터져 나왔다.

'그의 여자'라는 말은 교실에서 들을 법한 말이 아니었다. 일본어이긴 했지만 속어였고, 연인이나 특히 친한 여자 친구를 가리키는 말이었기 때문이다. 교실에서 들으면 왠지 불결하게 느껴졌다.

일본어에서는 남성에게 3인칭 단수 여성 대명사가 거의 필요하지 않았다. 생활 속에서 화제가 되는 일은 적었기 때문이다. 이에 해당하는 일본어가 없었음은 당연한 일이고, 새로운 말을 만드는 수밖에 없었다.

그것이 바로 '그녀'다. 영어 문법에 따라 만든 새로운 말이다. 아직도 어딘가 어색한 것은 어쩔 수 없다.

영어라면 아무리 상대방을 향하는 말이어도 자기 자신을 'I'라고 칭한다. 대통령이라고 해서 특별한 1인칭을 사용하지 않는다. 거기에 해당하는 말이 없기 때문이다.

일본어라면 그런 실례되는 행동은 하지 않는다. 훨씬 윗사람에게 말할 때는 1인칭을 드러내지 않는 것이 자연스럽고 정중한 태도다.

친구 관계라면 지금은 '나'가 보통이지만, 쓰지 않는 편이 편안하다고 느끼는 사람이 아직도 적지 않다. '내가, 내가' 하고 1인칭을 남용하는 것은 영어에서도 싫어하지만, 일본인은 듣기 거북하다고 느낀다.

신혼집 등에서 상대방을 부를 때 'me', 'you'를 쓰는 것이 한때 일부에서 유행했지만, 어느샌가 다시 사라졌다.

대신하는 말이 나왔는지는 알 수 없지만, 가정 내의 인칭 대명사는 민감한 문제다. 일본어이기 때문에 더욱 그러한데, 외국에서는 처음부터 문제도 되지 않았다.

아이를 낳으면 부모가 되는데, 자기 아이 앞에서 '나'라는 말은 조금 이상하다.

그래서 자기 자신을 '아버지'라고 부르는 기상천외한 말을 쓰기 시작했다.

'아버지'는 아이가 부른다면 조금도 이상하지 않은 2인칭이지만, 아버지가 1인칭으로서 상대방의 2인칭을 차용하는 게 참신하다.

일본인의 심리는 상대방과 대립하고 싶지 않다, 함께 편하게 지내고 싶다는 마음을 포함해서 꽤 미묘하다.

비슷한 일은 학교에서도 일어난다. 앞에서 언급했듯 아이들에게 교사가 자기 자신을 '선생님'이라고 말한다.

'선생님' 하고 부르는 사람은 아이다. 그렇게 부를 때 쓰는 말을 거두어 '나'를 대신하는 말로 삼았다.

익숙해지면 별일 아니다. 교사나 학생 모두 '선생님' 하고 말하면 평화롭다. 민주적으로 변한 탓인지 자기 자신을 '선생님'이라고 부르는 교사가 적어졌다. 상당한 변화다.

학생들이 건방져지면서 교사를 '담탱이' 등으로 부르게 되었다. 그러자 교사도 자기 자신을 칭할 때 '선생님'은 쓸 수 없다.

대학교수가 자기 자신을 '선생님'이라고 부르면 우스운 일이다. 대학교수는 1인칭을 사용하는 데 꽤 애를 먹는다.

어느 대학교수가 일본 전국학회의 회장으로 선출되어 총회에서 취임 인사를 했다. 짧은 연설을 하는 동안 '회장'이라는 말이 19번이나 나와서 회원들의 신망을 잃었다.

공인은 특히 1인칭 쓰는 법에 주의해야 한다는 사실을 전문 서적만 읽고 있는 교수는 몰랐던 것이다.

자기 자신을 가리키는 데 '장(長)'이 붙은 표현은 좋지 않다.

상대방을 앞에 두고 왠지 거들먹거리는 듯한 느낌을 준다. 그 사실을 깨닫지 못했다면 언어적으로 둔감한 사람이다.

기업에서는 말이 흐트러지기 쉬우므로 자기 자신을 '과장'이라고 말하는 과장이 있어도 기분 나쁘게 생각하는 부하는 없을지 모르지만, 부장 정도 되면 '장'이라는 글자가 신경 쓰이기 시작한다. 부장이라는 말을 입에 올리는 사람은 자기 자신을 과장이라고 칭하는 사람만큼 많지 않다.

일본어에서 가장 무난한 표현은 인칭 대명사를 1인칭도 2인칭도 쓰지 않는 것이다. 이렇게 몇 백 년이나 지내왔다.

외국어가 들어오면서 시끄러운 일이 생겼다. 대체로 외국인을 위해 일본어가 존재하는 것이 아니니, 괜한 간섭은 민폐다.

잘 모른다고 해서 '악마의 언어'라고 부르는 행동은 불손하다. 일본은 예로부터 '말의 혼으로 행복한 나라'였다는 사실을 모르냐고 따져 묻고 싶을 정도다.

'악마의 언어'라고 부른다면 '신의 언어'도 있을 것이다. 신의 언어는 '나와 너'의 언어에 가까운지 '말하지 않는 꽃(言わぬが花: 분명히 말하지 않는데 그윽함이나 정취가 있다는 일본어 표현-옮긴이)'의 언어에 가까운지 물어보고 싶다.

높임말을 향한 편견에 한마디

"저는 존경하지도 않는 사람한테 높임말을 쓰기는 싫어요"라는 문장을 본 적이 있다. 오차노미즈 여자대학에서 내는 잡지에 실린 에세이였다. 높임말 같은 건 없는 게 낫다는 얘기다. 그 글을 쓴 필자는 언어의 정체를 알지 못하는 모양이다.

좋아하니까, 존경하니까 높임말을 쓰는 것이 아니다. 호불호에 상관없이 손윗사람에게는 높임말을 쓰는 것이 일본어의 관용이다.

그 필자는 손윗사람을 인정하기 싫은 것이다. 사람은 모두 평등하고 위아래가 없다는 생각에 자각 없이 심취해 있다.

그래서 문법을 파괴하려 한다. 파괴하고 싶은 마음이다.

그 필자는 국문과 학생인지 "외국어에는 높임말이 없다는 말을 교수님께 들었다"라고 썼다. 그 교수는 아마도 국문학 전공으로 어학에 약해서 틀린 내용을 가르쳤을 것이다.

유럽 언어에 문법 범주로 높임말은 없지만 높임말과 같은 표현이 없다는 것은 오해다.

그 교수는 문법을 만국 공통의 것으로 보고 있는지도 모른다. 각각의 언어에는 나름의 문법이 있다는 사실을 모르는 게 아니라 전혀 생각한 적도 없는 것이다. 높임말을 뒤처졌다고 생각하는 풍조에 끌려 다닌다.

높임말은 결코 뒤처진 어법이 아니다. 오히려 세련된 관용으로 보아야 한다.

어릴 때는 높임말을 잘 모르고 쓰지도 못한다. 그런 아이도 장성해 사회에서 제 몫을 하게 되면 싫어도 상식적인 높임말을 모를 경우 당연히 비난을 받는다.

패전 후, 전쟁에서 진 이유가 일본어 탓이라는 망언을 내뱉는 문학자가 나타나 일본어를 악으로 몰아가는 풍조가 강해졌다. 그 불똥이 대학까지 튄 것이리라.

"외국에 없는 것이 일본에 있어서는 안 된다"라는 생각도 패전국인 일본이 낳은 편견이다. 다시 말해, 일본과 일본어를 소중히 하는 마음이 많은 사람들로부터 사라져서 생긴 문제다.

경원하는 마음

오늘날 그런 말을 하는 사람은 없지만, 옛날에 어떤 사람이 왜 외국인은 악수하거나 끌어안는가, 춤을 출 때 몸을 밀착하는가, 왠지 조금 꺼림칙하다며 전 외교관이던 사람에게 말했다.

전 외교관은 이런 식으로 답했다.

민족은 각각 다른 풍토에 맞추어 문화를 만들어나간다. 유럽인은 유럽의 풍토에 맞추어 생활 문화를 꽃피웠다.

다른 사람을 만나면 신체 접촉을 통해 연대를 서로 확인한다. 손뿐만 아니라 몸을 맞추며 한층 더 깊은 관계를 맺는다.

그렇게 느끼는 것은 대체로 한랭하고 건조한 땅에서 사는 사람들이다. 살이 맞닿음으로써 전해지는 '따뜻함'은 다정하고 기분 좋은 감정이다.

일본처럼 고온다습한 곳에서는 땀을 흘린다. 땀을 흘리면 기분이 좋지 않다. 하물며 다른 사람의 땀이라면 말할 나위 없이 싫다.

인사만 하더라도 상대방에게 몸이 닿는 것은 꺼린다. 서로 민폐일 뿐이다.

떨어져서 말만 주고받는 쪽을 선호하고 끈적끈적한 피부는 기분이 좋지 않으므로 너무 가까이 다가가는 것도 싫어한다. 산뜻하고 깔끔하게 신체적으로 닿지 않는 관계가 고상하다는 감각이 자연스레 발달했다.

악수나 포옹을 하지 않는 이유는 첫째로 이러한 풍토 문제가 얽혀 있다.

꽤 재밌는 의견이라서 역시, 하고 생각했다.

언어에 대해서도 비슷하게 말할 수 있다.

이동이 많은 사회에서 주변은 모두 먼 존재다. 이들과 교류하기 위해서는 접근해 닿을 필요가 있다.

내가 있고 눈앞에 네가 있다. 1인칭과 2인칭은 대치한다. 이를 두고 번거롭다거나 싫다고 느끼지 않는다. 커뮤니케이션은 즐거운 일이다.

다가가는 것은 좋은 행동으로, 접촉이 필요하다고 느끼며 말을 나눈다.

한편 농경 민족 사회에서는 같은 토지에 정착해 사는 인구가 많고, 서로 가까우며 기후는 따뜻하고 더운 곳이 일반적이다.

서로 더욱 접근하려는 마음이 생길 여지가 적다. 가능하면 적당한 거리를 둔 채 깔끔하고 산뜻하게 교제하려 한다.

1인칭과 2인칭이 붙어 있는 것은 오히려 불편하다. '나와 너' 같은 촌스러운 관계는 논외다. 그렇게 생각하는 사람이 많았다.

나도 없고 너도 없는 편이 평화롭다고 느낀다.

거두절미하고 말하자면, 1인칭과 2인칭이라는 카테고리를 버린 셈이다. 버리기 전에 없어졌다는 표현이 더 어울릴지 모른다.

1인칭을 쓰지 않고 2인칭도 나오지 않고, 되도록 지장이 없는 말만 주고받는 게 생활의 지혜다.

1인칭과 2인칭은 붙어서는 안 된다. 떨어져 있어야 한다는 감각은 이에 걸맞은 말의 형태를 만들어낸다.

우선 1인칭을 지우는 것이 정중한 화법이다. 지우려야 지울 수 없는 상황은 되도록 자신을 낮추고 작고 겸손하게 하는 것이 아름답다고 느낀다. 이렇게 해서 겸양어라는 어법이 발달했다.

겸양어가 경어에 속하는 것은 일본어의 재미있는 점이다. 서양 언어에서는 거의 발달하지 않았지만, 일본어에서는 경어의 한 축을 차지하는 중요한 문법이다.

일본어를 잘 모르는 사람은 겸양어가 경어가 된다는 사실을 이해하느라 고생한다.

상대방을 높이는 데는 자신을 낮추는 것이 유효한데, 이를 위해 상대방을 멀리 떼어놓을 필요가 있다는 통찰은 꽤 세련된 언어 감각이다.

이런 점에서 일본어는 다른 외국어를 능가하는 것처럼 보인다.

눈앞에 있는 사람을 '당신(あなた, 彼方)'이라고 부른다. '맞은편에 있는 분'이라는 뜻이 들어 있다. 상대방의 3인칭화가 경의, 존경을 나타낸다는 말의 감각이 없으면 생기지 않는다.

'너(きみ, 君)'는 친구인 상대방을 부를 때의 대표적인 말인데, 원래는 주군, 가장 높은 사람을 가리켰다. 그런 표현을 대등한 사람에게 쓰는 것은 그럼으로써 상대방과의 거리가 늘어나 가벼운 경의를 나타내기 때문이다.

심리적으로는 경원하지만, 그것이 존경의 마음을 포함하는 데 일본어의 마음이 있다.

일단 상대방에게 다가가는 것은 좋지 않다. 실례가 된다.

영어에서 '미스터' 하고 부를 상황을 일본어에서는 '사마(さま)' 또는 '도노(どの)'라고 한다.

'사마'란 직접 상대방을 가리키는 게 아니라 '상대방의 쪽'이라고 간접적으로 표현하는 말이다. '도노'란 '상대방이 사는 건물, 훌륭한 건물'이라는 뜻으로, 간접적으로 상대방을 가리키는 표현이다.

직접 부르는 실례를 범하지 않기 위해 이름 뒤에 '님'이나 '선생님'

을 붙여서 3인칭처럼 다루는 것이 예의이자 적절한 형식이다.

마음에 들지 않는 교사라고 해서 그렇게 부르지 않으면 그 사람의 도덕성을 의심하게 된다.

존경하지 않는 사람에게 경어를 쓰지 않는 행동은 미개한 사람이 하는 짓이라고 여긴다.

'사마'만으로 존경의 거리가 충분하지 않다는 생각이 들면, '시사(侍史)' 등을 더한다.

시사는 높은 신분 옆에 있는 서기 같은 사람으로, 높은 분에게 전해주었으면 하는 마음을 담아 편지 수신인 란 왼쪽 아래에 적는다.

직접 지명해서 부르기엔 꺼림칙해 '○○님 궤하(机下)'라고 적는 것도 예전에는 일반적이었다.

본인을 직접 부르는 것은 꺼려질 뿐만 아니라 그 사람의 책상을 부르는 것도 역시 꺼려진다. 존경의 형태를 갖추기 위해 '책상의 아래'에 보낸다는 마음이 담겨 있다.

상대방과의 심리적 거리를 크게 두는 것이 상대방을 높이는 일이다. 아무리 경의를 담아 부르더라도 제대로 된 호칭을 붙이지 않는 행동으로는 마음이 통하지 않는다.

경어는 상대방을 높이는 말처럼 보이지만, 자기방어의 심리가 작용하는 면도 적지 않다.

'나와 너'처럼 대립한다면 상대방이 공격적으로 나올 우려가 있다. 하지만 '공경하며 멀어지는' 사이라면 그렇게 될 위험은 일단 피할 수 있다.

이런 속셈은 천박하지만, 경어를 쓰는 사람의 마음 한구석에 이러한 동기가 있더라도 이상한 일은 아니다. 이러한 사회적 심리가 발달하지 않은 곳에서는 경어도 발달하지 않는다.

명령형을 싫어한다

경어가 발달한 사회에서는 원칙적으로 명령형 동사는 쓸 수 없다. 문법으로는 외국 문법을 따라 동사의 명령형이 있지만, 실제로는 거의 쓰이지 않는다.

아무리 생각해도 명령의 공격적인 말맛을 없애기는 불가능하다. 게다가 입말에서 명령형은 지극히 난폭한 울림을 지닌다.

옛날 경시청에 "이 처(處)에 진개(塵芥)를 버리지 말지어다"라는 표지판을 세웠다. 으스대는 듯하다는 말이 나와서 한편에 "쓰레기를 버려서는 안 됩니다"라고 히라가나로 풀어 적었다.

세상 사람들은 이를 두고 '경시청 읽기'라며 조롱했지만 꽤 괜찮은 방법이었다.

더 쉽게 말하면 "여기에 쓰레기를 버리지 마시오"이겠지만, 아무리 경찰이라도 명령형은 옳지 않다는 의견에 '말지어다'를 쓴 것이다. 그리고 이것도 너무 세다고 해서 '안 됩니다'라고 타이르는 표현으로 바꾸었다.

한 걸음 더 나아가면 "여기에 쓰레기를 버리지 말아주십시오"가 되겠지만, 그렇게까지 민주적으로 변하지는 못했다.

패전 후, 일본어는 꽤 거칠었지만 명령형을 피하는 점은 조금도 변하지 않았다.

'죽이려면 죽여라'라는 말은 노래 가사 속에서만 등장한다.

'죽일 거라면 죽여주세요.'

보통은 이렇다.

이렇게 '주세요'가 많이 쓰이게 되었다. 전철의 안내 방송에서도 "휴대전화는 사용하지 말아주십시오"라고 말한다. 조금 민망했는지 "협조를 부탁드립니다"와 같은 식으로 명령형에서 벗어난다.

'주세요'는 원래 동사 '주시다'의 명령형인 '주시오'가 변화한 말이다. 그 때문에 명령형이었다는 사실을 의식하지 않게 되었다.

자꾸 '주세요, 주세요' 하고 말하는데, 실례라는 생각은 빠져 있다.

'~해줘'라는 말은 솔직한 명령형이므로 특별한 경우가 아니면 쓸 수 없다. 그래서 '~해주세요'라는 부드러운 형태가 널리 쓰인다.

옛날 중류층 가정에서 주부가 가사 도우미에게 명령할 때의 말투라고 해서 '주세요'를 싫어하고, 오히려 명령형을 쓰라는 지식인도 있었다.

그런 사람은 학교 시험지의 "다음 문제에 답하세요"라는 문장이 잘못(?)되었다고 주장한다. 오히려 '답하라'고 하는 편이 좋다고 말한다. 시험은 사교적인 장이 아니므로 명령형이 옳다는 논리지만, 세상 사람들의 일반적 상식은 이에 찬성하지 않는다. 명령형을 쓰려면 쓸 수 있는 학교도 'ㅇㅇ일까지 제출하라'고 말하면 학생들을 자극한다고 하며 'ㅇㅇ일까지 제출할 것'이라는 '숨겨진 명령형'을 생각했지만 그래도 마음을 놓지 못하고 'ㅇㅇ일까지 제출하세요'라고 풀어썼다. 이 표현이 일단 표준이지만, 더 나아가 'ㅇㅇ일까지 제출합시다'라는 표현도 있고, 때로는 '제출하지 않겠습니까?' 하는 표현도 있다고 한다. 설마.

경원하는 마음은 명령형을 싫어하므로 2인칭도 쓰기를 꺼린다.

2인칭을 피하면 1인칭도 나설 자리가 적어진다. 이것이 촌뜨기들 눈에는 '악마의 언어'처럼 보인다 해도 어쩔 수 없는 일이다.

태어나고 약 40개월 동안
가장 열심히 일하는 기관은 귀다.
다른 시각, 촉각 등이
아직 제 기능을 다하지 못할 때부터
최고로 활동한다.

번역이라는 것

현재 일본어는 메이지 시대부터 쓰기 시작한 서양어, 특히 영어의 영향을 깊게 받고 있다. 단지 그것을 일본인이 확실히 자각하지 못할 뿐이다. 일본 문화가 취약한 연유다.

에도 시대 사람이 지금의 일본어를 본다면 이해할 수 있는 것은 히라가나 부분뿐일 것이다.

외국을 배우려면 외국어 지식이 필수인데, 그 외국어를 알려주는 사람은 한정되어 있다. 아무래도 일본인이 외국의 책을 번역해야만 한다.

번역이라고 하면 지금은 문장의 번역을 생각하지만, 무(無)에서 시작하는 번역은 일단 명사 단어부터다.

일본에 상당하는 말이 있을 경우 일본어로 옮기면 그만이지만, 일본에 없는 것을 나타내는 말은 새롭게 만드는 수밖에 없다.

번역이라기보다 새로운 말을 창출하는 데 가까웠다.

다행히도 외국어를 배운 당시의 지식인은 한문과 한자에 대한 교양이 있었다. 한자 두 글자로 영어의 명사를 나타낼 수 있었다. 반쯤 창작이다.

정확히는 알 수 없지만, 매우 많은 번역어가 생겨났다. 훌륭한 번역어도 적지 않다.

한자의 본고장 중국에서 이를 높이 사 도입했는데, 최소한 몇 백 개는 된다는 연구도 있을 정도다.

이러한 번역어를 정비해 대학 강의를 일본어로 할 수 있었다.

대학 강의를 모국어로 할 수 있게 된 곳은 아시아에서 일본이 최초였다. 이것은 자랑할 만한 일이지만, 한편으로 번역이 원어를 어느 정도로 옮길 수 있는지 반성할 기회가 없었다는 아쉬움은 어쩔 수 없다.

또 하나의 문제는 메이지 시내의 번억어 만들기는 오로지 명사에 국한되어 있었다는 점이다. 동사는 기존의 일본어 안에서 해결했다.

가령 'sit'은 '앉다(すわる)'라는 말로 옮겼다. 그 때문에 약간의 혼란이 생겼다.

다이쇼 시대의 한 작가는 의자에 걸터앉는 것을 '앉다'라고 써서 비판받으며 문제가 된 적이 있다.

어쨌든 영어 단어의 근간은 일본어로 옮겼다고 보아도 무방하다.

하지만 당시에도 단어만 번역하는 것으로는 충분하지 않다는 인식은 분명했다.

문장(sentence)의 번역은 단어와 다른 문제를 안고 있다. 일본어 글은 서양어의 글과 어순이 크게 다르기 때문이다.

'I have a book'은 '나, 갖다, 하나(의), 책' 하는 식으로 늘어놓는다고 번역한 것이 되지는 않는다.

'나는 책 한 권을 갖고 있다'라고 어순을 바꾸지 않으면 일본어가 되지 않는다.

한자에 소양이 있던 영문학자들은 어순을 바꾸는 데 큰 거부감이 없었다. 일본에서 한문을 쉽게 읽기 위해 붙이는 기호(返り点)에 이미 익숙했기 때문이다. 영어에도 훈점 읽기를 도입한 것은 자연스러운 일이었다고 볼 수 있다.

I(一) have(四) a(二) book(三).

간단한 문장은 이 정도지만, 일본어에 없는 관계 대명사가 들어 있는 복잡한 문장이 되면 번잡해서 다루기 어렵다. 영어의 훈점식 읽기는 한 시기밖에 쓰이지 않았다.

훈점에 의지하지 않고 문장 속 어순을 바꾸는 번역법에 많은 영문학자가 매달렸다.

어찌어찌 일단락된 것은 메이지 중기 이후로 '영문 해석법'이라는 것이 생겼다.

　문장 단위의 번역 방법으로는 고금을 통틀어 견줄 것이 없다고 말할 수 있을 정도다. 완성한 사람은 영문학자 난니치 쓰네타로(南日恒太郎)인 것으로 알려져 있다.

끝없이 이어진다

단어 차원의 번역과 비교하면 문장 단위의 번역은 훨씬 고도의 지적 조작이다.

이걸로 모든 외국어를 번역할 수 있다고 일본인이 생각했다 하더라도, 그 생각을 비난할 수는 없지만 조금은 사려가 부족했다.

일본어에서 문장을 최대 단위라고 생각하는 것은 이상하지 않다. '영문 해석법'이 똑바로 되어 있다면 영어 번역이 가능하다고 생각하더라도 이상하지는 않다.

오늘날 영어를 가르치는 사람 중에도 문장주의를 따르는 경우가 많다.

한편 영어에는 문장 단위 위에 단락(paragraph)이라는 것이 있다.

문장 번역에서 어순을 바꿀 필요가 있었다면, 단락 번역에는 문장의 순서를 바꿀 필요가 있는 것이 자연스럽다. 하지만 일본인은 무엇 때문인지 단락을 거의 무시했다.

단락은 형식적으로 한 글자 띄고 시작한다는 규칙은 국어 교육에서도 알고 있다.

하지만 영어의 단락은 사고의 단위, 문맥(context)의 단위라는 인식이 지금도 여전히 분명하지 않은 것처럼 보인다.

신문 기사 등에서 확실히 단락을 인정한 것은 패전 이후 들어서였다. 단락에 대한 무관심은 전통적인 일본어에 충실하다는 얘기다.

《겐지 이야기(源氏物語)》에서 사이카쿠(西鶴)에 이르기까지, 일본에는 뚜렷하게 단락을 나눈 작품이 없다. 단락이 나뉘지 않고 끝없이 이어지는 문장이다.

이것이 사람들의 인식 어딘가에 있었는지 입말에서도 문장으로 말하는 사람은 극히 적다는 사실을 알아차리곤 한다. 말을 끊지 않고 '……이지만, ……이기도 하고, ……라고 생각하지만' 하고 끝없이 이어진다.

일본어가 이러한 특징을 가진 이상, 단락에 늦게 반응하는 것도 어쩔 수 없다.

단락을 알 수 없다

　근대 일본인은 심한 고생을 고생인 줄 모르고 우습게 보았다. 단락이 심히 이해하기 어려운 개념이었기 때문이다.

　좋은 예가 입학시험 등의 영어 문제다. 출제는 단락 단위로 읽을 수 있다.

　단락의 표준적인 구조는 3부 구성으로 A, B, C로 이루어진다.

　A는 추상적인 표현, B는 구체적인 예시 등을 들고 C는 A와 B를 통해서 말하고자 하는 바를 요약한다. 물론 C도 추상적 표현일 때가 많다.

　수험생은 그런 구성까지 크게 보지 못하니 A를 붙들고 싸운다. 그래도 모르겠다. 문제의 문장이 더러워질 정도로 읽고 또 읽지만 확실한 것은 모르겠다.

아무래도 잘 풀리지 않자 B와 C를 읽지 않은 채 포기하고 백지 답안을 낸다.

B까지만 가면 된다. 이 부분은 구체적이라서 이해하기 쉽다.

더 나아가서 C까지 읽으면 A, B와 같은 내용이 정리되어 있어 A만큼 어렵지 않다. 다시 말해, 문단 전반을 보면 의미를 파악하기 쉽다. 그런데 A만 붙들고 있으니 이해하기 어려운 것이다.

일본인의 사고에서 보면 B부터 들어가 A, C 순서대로 정리하는 형식이다. 그 특징을 몰랐을 뿐인데 입시에 떨어진 수험생이 얼마나 많은지 헤아릴 수 없다. 요즘은 문단 단위의 출제가 줄어들고 있는데, 그래서 문단을 멀리하게 된다.

문제는 수험생 차원에서 끝나지 않는다. 외국 책을 번역하는 일본인으로, 이 문단의 문제를 극복한 경우는 극히 드물다.

문장을 차례로 번역해나가면 '원문 충실'이 가능하다고 진심으로 생각하는 것이 아니라, 자기 자신을 그렇게 이해시킬 뿐이다.

'영문 해식법'으로 만속하지 않고 '단락 해석법'이라고 부를 만한 방법을 만들 수 없었던 것은 아주 큰 문제다. 이러한 문제의식이 상식으로 자리 잡기도 전에 일본의 번역은 힘을 잃기 시작했다.

원문을 충실하게 번역하면 좋다고 하지만, 문장 내의 말 순서를 크게 바꾸니 결코 원문에 충실할 수는 없다.

그건 그렇다 치고, 단락 단위가 되면 문장 내에서 일어난 어순 바꾸기에 상당하는 문장 순서 바꾸기가 필요하다. 이것이야말로 원문에 충실하지만, 일본어로서는 어색하다.

일본인이 번역에 감동하는 경우가 적은 것은 번역의 원리가 문장 수준과 단락 차원이 다르기 때문이다. 이러한 통찰력을 지닌 사람이 없다.

일본인은 논리적이지 않다, 일본어는 논리적이지 않다는 명제에 근거가 있다면 서양어의 글을 일본어로 번역할 때 원칙을 통일하지 않은 데서 기인하는 문제가 크기 때문이다.

번역의 해악도 적지 않지만, 재미있는 역서가 많아지기 위해서는 잘못된 '원문충실주의'에서 탈피해 어느 정도 원문에서 벗어나더라도 정돈되고 알기 쉽고 재미있는 일본어로 '의역'하는 수밖에 달리 방법이 없으리라 생각한다.

• • • • •

문자 언어를 음성 언어 이상으로
감사하게 여기는 풍토는
구텐베르크 인쇄 혁명의 여파다.
인쇄물이 대량으로 쏟아져나오자
독자들이 늘지 않으면 곤란한 사태가 벌어졌다.
인쇄 언어, 즉 책을 소화하려면 목소리 등을 버리고
오로지 눈으로 글자를 빠르게 좇는 인간이 없어선 안 되었다.
그래서 이를 학교에서 가르치자는 이야기가 나왔다.

△형과 ▽형

번역에서는 문장, 단락이 문제 되는 것 이상으로 한 권의 책 전체를 가장 중시해야 한다.

예를 들자면 일본의 책은 비교적 쉬운 문제부터 시작한다.

머리말이 있는 책은 적지 않지만, 중대한 문제를 논하는 경우는 드물고 독자에게 인사하는 정도로 쓰인 경우가 많다.

독자도 이를 알고 있으므로 머리말은 가볍게 읽는다. 중요한 부분은 마지막 결론에 있겠지, 하고 생각한다.

쓰는 사람도 결론을 중시한다. 적어도 서론보다는 힘이 들어간다.

그러한 감각을 익힌 사람이 서양의 책을 읽으면 뭔가 빠진 듯하고 자각하지 못한 실수를 범한다.

첫 도입부를 '머리말'처럼 읽고 제대로 이해되지 않아도 그냥 본론으로 들어간다. 가장 중요한 내용은 마지막 장에 있다고 생각하며 앞으로 나아간다. 실제로 결론은 기대를 빗나간 경우가 적지 않다.

한 권의 책 구성을 단락에 빗대어 생각하면 A, B, C의 커다란 블록 세 개로 이루어진다. A가 가장 중요하고 B는 그다음, C는 A와 B의 내용을 정리한 것이다.

첫머리의 A는 서문이나 서론, 도입부 등으로 부르기도 하며 가장 어려운 부분이 많지만 항상 가장 중요한 내용을 기술한다.

이곳을 등한시하고 앞으로 나아가면 뒷부분은 하나도 이해할 수 없다.

서론은 책의 요점이다. 그 때문에 입문(Introduction)을 제목으로 한 책을 출판하기도 한다.

본론과 결론 없이도 서론만으로 독립해 분명한 견해와 주장을 제시할 수 있기 때문이다.

일본인은 '예', '아니요'가 애매하다는 사실은 세계적으로도 정평이 나 있는데, 역시 발상의 형태가 달라서 생긴 문제다.

"○○을 하지 않겠습니까?"

"예, 합시다."

이렇게 시작한 이야기가 구체적으로 들어가면 바뀐다.

"그건 좀……."

"사정이 있어서……."

"역시 안 되겠네요."

손바닥 뒤집듯 태도가 변해서 외국인 상대를 황당하게 한다.

처음에는 '예'라고 했으면서 끝은 '아니요'다. 일본인이 하는 말은 신용할 수 없다고 느끼는 외국인이 많다고 해도 이상한 일이 아니다. 문화적 차이가 빚은 불행한 일례다.

일본인은 처음에 '예'라는 대답을 했어도 본심과 관계 없는 경우가 드물지 않다. 무슨 말이든 하지 않으면 실례이니 일단 '아, 그렇군요' 하고 마음으로 인사를 한다.

'예'라는 형태라도 분명히 긍정하지는 않는 셈이다. 이것이 일본인의 심리다.

일본인 측에서 보면 언제까지고 상대방이 마음에 담아두고 있으면 곤란하다. 진짜 의미는 끝부분에서 분명히 밝히는 것이 순서다. 대부분은 자기와 상관없다고 생각한다. 비논리적이라니, 당치 않다.

이처럼 일본인이 처음에 말하는 '예'는 끝에 가면 '아니요'가 되는데, 이것을 논리적 모순이라고 하는 데는 어폐가 있다.

많은 일본인은 변명하지 않지만, 진심은 그렇다.

영어에서는 그 역이라고 할까, 반대의 사고방식이다.

처음이 결정적으로 중요하다. 여기서 '예'라고 했다면 무슨 일이 있어도 도중이나 끝에서 '아니요'가 되어서는 안 된다.

'예'라고 한 말은 마지막까지 '예'다. 처음의 말이 천금의 무게를 지닌다.

딱 잘라 말하자면 일본다운 표현에서는 처음이 가볍고 끝에 가까울수록 중요성을 높여가는 △형이라고 한다면, 영어 등의 발상은 서두가 중심인 ▽형이다.

둘이 서로 맞물리지 않는 이유는 이문화(異文化) 커뮤니케이션의 약점이다.

그렇다고 해서 일본인이 △형을 ▽형으로 전환하기란 매우 어렵다. 5~10년 학교에서 영어 공부를 한 정도로는 문제 자체를 생각하는 것조차 불가능하다.

△형과 ▽형은 사물을 느끼고 받아들이는 방식이 다르다.

하루아침에 바꿀 수 없다면 적어도 ▽형을 △형으로 번역하는 방법을 생각하지 않으면 안 된다.

다만 영어를 공부하면, 혹은 유학을 한다면 국제적 감각을 익힐 수 있다는 생각은 이른바 환상이라고 말할 수 있다.

앎이 되는 '듣고 말하기'

• • • • • •

말의 서고동저

사고를 낳는 것

귀가 약하면 곤란에 처한다

생활의 식견

남편은 건강하고 집에 없어야 좋다

'듣고 말하기', '읽고 쓰기' 생활

사고력의 원천

말의 서고동저

입말을 곰곰이 생각하다 보니 문득 이상한 느낌이 들었다.

NHK의 방송용어위원을 20년쯤 해왔다. 학교 교사는 알 수 없는 일들을 여러모로 알 수 있어 재미있었다.

그중 하나가 오사카 일대의 간사이 지방 시청자 대부분이 도쿄 말씨를 싫어한다는 사실이다.

NHK는 일본 전국 방송으로 어디서든 똑같이 받아들일 것이라고 생각했지만, NHK 저녁 7시 뉴스는 간사이 지역에서 인기가 없었다. 민영 방송에 졌다. 시청률이 다른 방송국보다 낮았다고 한다.

그 이유는 분명하지 않지만, 아무래도 NHK의 전국 방송용 말씨에 문제가 있는 듯하다는 이야기였다.

간사이 지역 사람들에게 물어보니 NHK의 말은 왠지 차갑고 부드럽지 않게 느껴진다고 한다.

지역 방송국의 말투는 친근하고 부드럽게 다가오며 듣는 재미가 있다. 도쿄의 말투와 비할 바가 못된다. 그렇게 생각하는 간사이 지역의 교토, 오사카, 고베 사람들은 민영 방송을 본다는 것이다.

NHK가 어떻게 생각하는지는 모르지만, 필자는 이 일을 계기로 일본어에는 동쪽 말과 서쪽 말이 있으며 서고동저, 즉 간사이 지역의 말이 더 뛰어나지 않은가 하는 생각을 하게 되었다.

도쿄의 말이라고 해봐야 메이지 시대 이후에 생긴 것으로, 에도 시대의 흔적은 거의 남아 있지 않다.

그에 반해 간사이 지역의 말은 1000년, 적어도 수백 년의 세월이 담겨 있다. 동쪽 말과 비교하면 세련된 정도가 다르다.

정치의 중심이 도쿄로 옮겨가며 일반 사람들에게는 문화의 중심도 도쿄인 것처럼 느껴질지 모르지만, 그것은 전통을 모르는 사람의 생각이다.

농촌에서 벗어난 사람들이 모인 사회인 도쿄는 대대로 같은 땅에 거주하며 넓은 의미에서 전통적으로 사는 간사이 사람들의 생활에 비할 바가 못된다.

맛있는 음식은 교토 부근이 많다. 고급 요정은 어디든 교토에 본점을 두었다.

간사이 사람은 도쿄 음식은 짜고 질리는 맛이라고 하며, 매운 것보다 감칠맛 있는 음식을 선호한다. 도쿄 사람은 그렇게 생각하지 않는다. 짠 음식이 아니면 인정하지 않는 경향이 있다.

근래 들어 서양 음식이 많아지며 짠맛 문제도 흔들리고 있지만, 간사이의 미각이 도쿄를 이긴다는 사실에는 변함이 없다. 이를 인정하려 들지 않는 것은 이른바 형식주의, 권위주의에 지배받고 있기 때문이다.

또 필자는 초·중학생의 작문 대회 심사위원을 맡은 적이 있다. 10년 정도 그 일을 했다.

예전 일이니 지금도 그런지는 모르겠지만, 잊을 수 없는 경험이 하나 있다.

무엇인가 하면, 간사이 지방 아이들이 수도권이나 다른 지방 아이들보다 작문이 뛰어나다는 것이다.

물론 작품은 전국 각지에서 날아든다. 심사하는 사람으로서는 응모자의 출신지 등에 눈길도 주지 않는다.

그렇게 해서 심사위원 몇 명의 평가를 집계하면 상위 입상자가 간사이 지역에 집중되어 있다.

꽤 재미있는 결과이지만, 대회를 주최하는 곳은 전국 규모의 신문사이거나 해서 당연히 이러한 지역적 편중은 바람직하지 않다고 생각한다.

사무국의 바람대로 도쿄와 수도권을 중심으로 매년 몇 명을 입상자에 넣었다.

이런 경향은 초등학교 저학년에서 특히 눈에 띈다. 학교에서 국어 공부를 하며 고학년이 되면 앞서 말한 서고동저의 경향은 조금 누그러진다.

저학년인 간사이 지역 초등학생은 생생한 입말로 생동감 넘치는 문장을 쓴다. 그 점에서 동쪽 아이들은 그런 수준에 이르지 못한다.

하지만 학교에서 입말은 무시하고 문장을 읽는 교육만 하고 있으면 간사이 지역 아이들도 도쿄 아이들과 마찬가지로 지식으로 익힌 말로 문장을 쓰게 되어 재미없는 작문을 한다.

학교의 언어 교육은 크게 반성해야 하건만, 그런 일에 머리가 돌아가는 사람은 학교 교사 같은 일은 하지 않는다.

언어의 서고동저는 좋은 현상일까, 좋지 않은 현상일까. 지금 결정할 수 있는 사람은 없는 것이 분명하다.

초등학교 고학년에서 영어를 가르치기 시작했다. 이를 반기는 사람은 많지 않지만, 모국어로 듣고 말하는 힘이 충분하지 않은 아이들에게 외국어를 가르쳐서 어떻게 한다는 것인지, 어찌 된 일인지 생각하는 사람은 많지 않다.

아이들의 머리를 혼란스럽게 할 뿐이라는 사실을 아는 사람도 없는 것 같다. 일본의 문화가 이 문제에 관해 얼마나 깊이가 없는지를 고스란히 드러낸다.

초등학교에서 영어를 가르치는 것은 중학교 교사라도 할 수 있다고 생각하고 있을까. 교사를 양성하는 과정도 생각하지 않고 초등학교 영어 교육이 시작되었다. 대대손손 코웃음을 칠 일이다.

사고를 낳는 것

〈일본경제신문〉에 재미있는 기사가 실렸다. 기업의 채용 수치로 본 대학 순위다(2014년 6월 16일자).

1위 교토 대학, 2위 고베 대학, 3위 오사카 시립대학이라서 눈을 의심하게 된다.

모두 간사이 지역으로 교토, 오사카, 고베의 대학이다. 4위가 쓰쿠바 대학으로 겨우 수도권 대학이 얼굴을 내민다. 자타가 공인하는 일본 최고의 도쿄 대학은 무려 25위에 머물렀다.

간사이 사람이 보면 쾌재를 부를 순위고, 도쿄의 대학은 썩 유쾌하지 않을 것이라고 상상했다.

전후 사정도 모르는 사람에게 가볍게 의견을 물을 만한 일이 아니라는 사실은 분명하다. 하지만 이렇게나 뚜렷한 서고동저를 보게 되면 이유를 대고 싶어지는 것이 사람 마음이다.

기업 등의 인사 담당자에게 간사이 지역 출신을 우대하는 경향이 있는 것은 아닌가, 하는 이유를 우선 첫 번째로 꼽을 수 있다.

구술시험 등에서 서쪽 대학은 동쪽 대학보다 뛰어나지 않을까, 하는 이유가 또 하나 주목할 점이다.

필시 면접 때의 대처나 인상이 도쿄나 동일본 지역의 학생보다 서쪽 학생이 좋은 것이리라. 입말도 간사이 쪽이 도쿄나 동일본보다 세련되었음을 암시한다.

사실이라면 간사이의 말과 문화는 동일본보다 한발 앞서 있다는 것을 보여주는 셈이다.

간사이의 말이 동일본의 말보다 뛰어나다는 사실을 실제 사회에서도 인정한다는 것이니 꽤 흥미로운 현상이다.

학술 문화에서는 일찍이 간사이, 특히 교토 대학이 널리 인정을 받았다.

철학자를 지망하는 학생은 도쿄의 대학에는 눈길도 주지 않고 교토 대학을 목표로 한다. 교토 대학에는 일본을 대표하는 철학자가 몇 명이나 있기 때문이다. '철학'을 도쿄에서는 깊이 생각하기 어려울 것이다.

일반 문화나 학예에서 이른바 '교토학파'가 눈부신 활약을 한 적이 있다. 때마침 경제는 고도 성장기에 접어들었지만, 문화 학술에서 교토는 눈부신 활동을 보였다.

도쿄의 출판사에서 교토를 우러러보는 직원이 있다는 사실이 일부에서 화제가 되었다. 교토 사람들이 생각하는 바와 쓴 글은 새롭고 재미있다고 편집자들이 단정 지은 듯했다.

왜일까. 바로 그 편집자들도 생각하지 못했지만, 여기에는 분명한 근거가 있다. 교토는 말의 혼(魂)이 번성한 곳이기 때문이다.

교실이나 교수실에서 말의 꽃이 핀 것은 아니다. 술집 같은 곳에서 거침없이 터져 나오는 담론이 교토학파의 원천이었다.

교토의 마을은 학자 선생을 소중히 대하는 풍조가 있어 물심양면으로 대학의 교수들을 소중히 대했기에 손님들은 편안하게 각자의 생각을 담소로 풀어놓을 수 있었다.

문과인 사람도 있는가 하면 이공계 연구자도 있다. 법과 경제를 연구하는 사람도 있다. 여러 학문이 뒤섞인 잡학, 방담(放談)을 나눈다. 서로 생각지 못한 자극을 받기도 하고 대화하는 사람도 지금껏 생각해본 적 없는 말이 입에서 튀어나와 놀라기도 한다.

이런 자리가 지루할 리 없다.

시간만 나면 자연스럽게 발걸음이 향한다. 시간이 없으면 만들어서라도 술집에 간다. 그리고 귀동냥으로 여러 지식을 익힌다.

도쿄의 학자나 지식인은 그렇지 않다. 뭐가 어찌 되었건 바쁘다. 책을 읽고 공부도 해야 한다. 대학 연구실을 나서면 집으로 간다. 서

재에 틀어박혀 또 공부한다. 사람과 어울릴 여유는 없다.

이유도 없이 같이 술을 마시러 다니는 것은 한심한 자들이나 하는 짓이라고 생각하는 것이 도쿄의 수재들이다. 회합 등이 있어도 혼자서 재빠르게 집으로 향한다. 대화의 재미 따위는 전혀 모르고 산다.

따라서 결국 고독해진다.

고독에서 태어나는 것은 고독으로, 낯을 가리게 된다. 왠지 재미없는 사람이 되기 쉽다. 진정으로 새로운 것이 태어나기 힘들다.

일본인이 노벨상을 받은 것은 패전 이후의 일로, 유카와 히데키(湯川秀樹) 박사가 최초다. 교토 대학 출신이다.

그 후의 수상자도 교토 대학 출신이 많고, 자연과학 계열에서는 도쿄 대학을 압도한다. 남 말하기 좋아하는 항간에서는 도쿄 대학의 부진을 노력 부족처럼 말하지만, 타당하지 않다.

아무래도 언어와 관련이 있는 듯하다.

간사이의 언어로 생각하면 독창적이고 참신한 아이디어가 많이 떠오른다. 책에 적힌 지식은 문제 해결에는 노움이 되어도 새로운 사고, 새로운 아이디어를 낳는 힘은 부족하기 마련이다.

귀가 약하면 곤란에 처한다

최근 일본인, 그중에서도 고령자를 고민하게 만드는 문제 중 하나는 전화 금융 사기다. 어르신이 몇 백만 엔이나 되는 큰돈을 전화로 고스란히 사기꾼에게 바치고 만다.

경찰도 은행도 방지에 나서고 있지만 효과가 없다. 어디 그뿐인가. 오히려 계속 늘고 있다.

당하는 이유는 귀로 듣는 말에 약하기 때문이다.

놀라면 순간적으로 판단하지 못하고 상대방이 말하는 대로 따르고 만다.

당초 이 전화 금융 사기는 전국적으로 비슷하게 일어나는 것으로 알려졌지만, 그렇지 않다는 사실을 알고 깜짝 놀랐다.

오사카를 중심으로 하는 간사이 지역 사람들은 이 사기에 잘 걸려

들지 않는다. 귀가 튼튼하기 때문이다.

자세한 수치는 잊었지만, 간사이 지역의 피해는 수도권보다 훨씬 적은 10분의 1 정도라고 하니 놀랄 만한 차이다.

A 씨는 수도권에 사는 보험 영업의 베테랑이다. 퇴직 전, 영업 능력을 발휘해서 한때 업계 1위로 신문 기사에 실리기도 했다. 자기 자신도 말솜씨가 좋다고 자랑스럽게 여겼다.

하지만 은퇴하고 몇 년 후, 전화 금융 사기에 걸려들어 큰돈을 잃었다. 사기 수법이 교묘했는지 어땠는지는 모르지만, 같은 수법에 또 걸려들었다고 한다.

수십 년이나 말로 먹고살아온 사람이 왜 이런 일을 당할까. 이유는 알 수 없지만 자연스러운 대화나 수다가 아니라 늘 비슷한 말만 썼다고 한다.

말의 경험이 한쪽으로 치우쳐 있던 것이리라.

편중된 말로는 말을 통해 똑똑해질 수 없다. 현명하지 않으면 사기에 걸려드는 것은 어쩔 수 없다.

간사이 지역의 보험 영업왕은 이와 같은 전화 금융 사기에 걸려들었을까.

아무튼 귀로 듣는 말도 서고동저인 모양이다.

생활의 식견

현대 사회는 속담의 재미를 잊어가고 있다. "속담을 촌스럽다고 여기는 것은 지적이다"며 근거도 없이 단정한다.

패전 후 얼마 지나지 않아 어느 학습 참고서 출판사가 속담 해설서를 냈다.

거기에 "정은 남을 위한 것이 아니다"라는 속담을 해설해두었는데, 말도 안 되는 실수를 했다. 남에게 정을 베풀면 베풀어야 하는 정이 점점 커지고 응석받이가 되므로 좋지 않다. 즉 남을 위한 일이 아니라고 풀이한 것이다.

당연히 문제가 되었다. 학습 참고서 이용자에게 그런 견해가 있을리 없다. 교사나 보호자가 놀라 비난이 빗발쳤다.

대체로 "정은 남을 위한 것이 아니다"를 속담으로 분류한 것 자체도 문제다. 출처는 《태평기(太平記)》라고 알려졌는데, 이렇게 출처가 있는 말은 보통 속담으로 보지 않는다.

그런데 속담으로 취급한 것은 하나의 견해일지도 모르지만, 속담에 무지하기 때문인지도 모른다.

"정은 남을 위한 것이 아니다"는 너무나 솔직해서 속담다운 맛이 부족하다. 재미가 적다.

정을 베푸는 것은 너무나도 상대방을 위한 행동처럼 보이지만, 돌고 돌아 자기 자신에게 돌아온다는 의미다. 하지만 그렇다고 해도 너무 솔직해서 말맛이 없다. 속담으로서는 뒤떨어진다고 말하지 않을 수 없다.

이미 속담에서 멀어지는 경향이 시작되었음을 널리 알린 일화인지도 모른다.

전쟁 전까지 가정에서 아이는 일본식 카드놀이인 가르타(カルタ, carta)를 쳤다. 중류층 가정이나 지식 있는 부모의 경우는 일본 전통 시 와카(和歌)를 맞히는 햐쿠닌잇슈(百人一首) 가르타를 쳤다. 서민은 일본의 속담이나 격언을 모은 이로하(いろは) 가르타를 아이에게 알려주었다.

사회는 둘로 나뉘어 있었다. 물론 이로하보다 햐쿠닌잇슈가 고급으로 여겨졌다.

이로하 가르타는 일상생활에 가깝고 실제적인 교육이었지만, 서민은 그런 것을 생각하지 않고 이를 즐겼다.

우아하고 고급스러운 햐쿠닌잇슈파(派)라고 하더라도 나이 어린 아이들에게 사랑 노래를 왜 가르치는지 확실히 대답하지 못한 채 '교양'이 '생활'보다 문화적이며 지적이라고 단정 지었다.

햐쿠닌잇슈에는 지은이가 있다. 고전이다. 이로하의 지은이는 일체 알 수 없다. 언제 생겼는지도 분명하지 않다.

이로하 가르타가 사실은 속담 선집이라는 사실을 잘 아는 사람은 극히 드물었다.

일본의 옛 수도 교토, 지금의 도쿄인 에도, 오사카에 각기 다른 이로하 가르타가 있었다는 사실을 모르고도 대학 국문과를 졸업할 수 있다.

속담과 이를 바탕으로 하는 가르타가 일상생활을 반영한다는 점을 생각하면 삼도삼색(三都三色)의 가르타가 존재했음은 지극히 현실적이다.

이렇게 생각하는 사람은 학교 교육의 보급과 함께 감소했다.

전쟁에 패하고 생활에 자신감을 잃은 사람들이 삶을 부정하고 지식과 관념을 우선하는 풍조에 빠진 것은 어찌 보면 당연한 일이다.

전쟁과 패전이 아니더라도 속담은 지식의 압박을 받아 쇠약해지기 시작했다.

일본뿐만 아니라 세계적 현상이라고 말해도 좋을 만큼 공적인 근대 교육이 시작된 19세기 이후, 학교는 일관되게 속담을 눈엣가시로 여겼다. 혹은 거의 무시했다.

'읽기, 쓰기, 산술'의 능력, 이른바 리터러시에 생활에 뿌리를 둔 지식인 속담이 끼어들 여지가 없었던 것은 어쩌면 당연하다.

속담은 생활을 바탕으로 한 지식과 경륜의 결정체다. 생활이 거의 정지한 상태에서 이루어지는 학교 교육에서 속담이 나설 자리가 없는 것은 당연한 일인지도 모른다.

교육받은 사람은 모두 속담을 잘 모른다. 잘 모르니 무시한다. 배우지 못한 사람이나 쓰는 말이라며 깔본다.

한 여성 작가가 서평을 쓰며 "이 책엔 자꾸 속담이 나온다. 그래서 말하는 바가 상식적이고 진부해서 재미있지 않다"고 깎아내린 글을 읽고 근대 지식인의 넋두리라고 생각한 적이 있다.

책으로 쓰이지 않은 것은 저급하다고 보는 천박한 활자 신앙이다. 학교 교육이 보급됨에 따라 이 세력이 커졌다.

속담은 생활의 시식을 방라한다.

요즘 사람은 속담을 교훈으로 바라보는 경향이 강하지만, 사실 그렇지 않다. 자연 현상에 관한 법칙을 나타낸 말이다.

"더위도 추위도 춘분과 추분까지"라는 속담은 기상 정보보다 정확하다.

"저녁놀은 맑음"이라는 속담에 따라 움직이는 어민은 예로부터 얼마나 많았던가.

"장마가 걷힌 10일"이라는 속담은 장마가 걷히고 10일은 맑다는 뜻으로 틀리는 적이 별로 없다.

옛사람은 속담으로 날씨를 알았다.

'맑은 뒤 구름, 지역에 따라 비'와 같은 기상 정보는 생활적이지 않다. 과학적일지는 몰라도 너무나 조잡하다.

그래도 날씨는 아직 지식이 작용하는 부분이 크다. 과학이 발달한 덕분이다.

· · · · ·

언어의 힘을 믿는 사람은
'듣고 말하기'의 언어가 품고 있는 생각이
'읽고 쓰기'의 언어가 갖고 있는 생각과
매우 다르다는 사실을 분명하게 깨닫는다.

남편은 건강하고 집에 없어야 좋다

인간 만사, 생활에서 지식이 알고 있는 범위는 작은 부분에 국한된다. 사소한 일을 나타내는 말은 가능하지만 복잡하게 뒤얽힌 일을 파악할 수는 없다. 그냥 내버려두게 된다. 그러나 속담은 지식화할 수 있다.

어떤 사람이 노력과 정진으로써 큰 부를 쌓았다고 하자. 그것만으로는 재미가 없다. 뒷이야기에 관심이 가는 법이다.

2대째는 어릴 적부터 아버지가 일하는 모습을 본다. 견실하게 살아야 한다는 사실은 말하지 않아도 안다. 큰 좌절과 실패를 피할 수 있다. 제일 먼저 아버지가 가만두고 보지 않는다.

3대째로 내려가면 사정이 다르다. 태어날 때부터 도련님이다. 갖고 싶은 것은 대체로 손에 넣을 수 있다. 학문을 하고 제 나름대로 교양을 익힌다.

하지만 부족한 것은 실패, 실수의 경험이다. 신호등 없는 고속도로를 날아다니는 미숙한 운전자와 같다고 해도 이상하지 않다.

브레이크 잡는 법을 모르지만, 언제까지고 최고 속도로 달릴 수 있는 고속도로란 없다. 주의해야 하는 곳에서 돌진하면 그냥 끝나지 않는다. 차는 부서지고 일신도 위험에 빠진다.

이런 일화를 세세하게 적으면 긴 이야기가 된다. 생활은 그렇게 만만한 이야기를 싫어한다. 단적으로 이야기를 표현할 말을 원한다. 이에 부응해 속담이 생겨난다.

"파는 집이라고 중국 서체로 쓰는 3대째."

비유적인 표현을 사용해 긴 이야기를 한마디 명제로 요약한다. 생활과 경험이 없으면 이 비유를 이해할 수 없을지 모르지만, 마음이 있는 사람은 뭐라 형언할 수 없는 밀밑을 전달할 수 있다. 그 마음이란 이런 것이다.

선대가 노력해 쌓은 가산을 3대째가 되면 놀고먹다가 탕진해 결국에는 집까지 팔고 만다. '파는 집'이라는 팻말은 멋들어진 중국 서체로 쓰여 있고, 교양이 넘친다는 빈정거림이다.

가령 비유는 속담의 가장 중요한 수법으로, 속담의 재미와 따뜻한 느낌은 이런 표현 방법으로 인한 것이 적지 않다. 항상 조금은 문학적이라고 할 수도 있다.

"개도 쏘다니면 봉(棒)과 맞닥뜨린다"는 이로하 가르타(에도식)의 첫머리에 나오는 어구다. (참고로 교토식은 "한 치 앞은 어둠" 또는 "돌 위에서도 3년"이며, 오사카식은 "하나를 물으면 열을 안다"다.)

"개도 쏘다니면 봉과 맞닥뜨린다"는 원래 무언가를 하려고 쏘다니면 재난을 당한다는 의미였다.

'봉과 맞닥뜨린다'란 얻어맞는다는 뜻이다. 점점 그 의미를 알 수 없게 되어 속담의 의미가 이상해졌다.

문제는 '맞닥뜨린다(当たる)'에 있다. 이 말이 복권에 당첨된다는 관용구 등 좋은 의미로 쓰이는 일이 많아지면서 새롭게 '정처 없이 걷다 보면 생각지 못한 행운을 만나기도 한다'는 의미로 쓰는 사람이 나타났다.

시작은 잘못 이해한 데서 비롯되었지만 그런 의미로 쓰는 사람이 많아지면 그걸 잘못이라 하기 어려워진다. 말은 민주적이므로 많은 사람이 지지하면 무시할 수 없다. 잘못을 용인하고 승인한다.

그렇다고 해서 전통적인 의미를 소거할 수도 없다. 그래서 사전은 두 개의 상반된 의미를 모두 싣는다.

생활을 바탕으로 한 말, 즉 속담이 원래 다의적임을 보여주는 한 가지 예다.

속담의 말은 일반적인 지식의 말보다 더욱 생활과 가깝다. 지식을 생활보다 높이 평가하는 곳에서는 속담이 힘을 잃어간다. 이것은 세계적인 추세이기도 하다.

지금은 어느 나라든 속담이 지식, 교양에 압도당한다. 그 배경에는 제 나름의 이유가 있다.

지식은 시대와 함께 낡지만, 생활은 그보다 빠른 속도로 낡아간다. 낡은 생활을 바탕으로 한 속담은 자연히 이해하기 어려운 말이 된다.

생활이 변화하면 속담도 바뀌어야 한다. 그냥 바뀌는 게 아니라 새로운 생활을 바탕으로 새로운 속담이 만들어지는 게 바람직하다.

생활을 경시하는 근대는 새로운 속담을 창출할 힘이 빈약하다고 말하지 않을 수 없다.

패전 후 만들어진 속담과 속담풍의 말에서 눈여겨보아야 할 것은 극히 적지만, 지식인은 전혀 문제 삼지 않는다.

"남편은 건강하고 집에 없어야 좋다"는 말은 여성의 시점에서 만든 CF에 나온 말인데, 한때 화제가 되었지만 어느샌가 잊혔다.

"빨간 신호도 모두가 건너면 무섭지 않다"는 재미있는 심리를 나타냈지만, 지식으로 똘똘 뭉친 법률가 등이 위법성을 비판하고 사소한 교육에 얽매인 교육자들이 악덕을 조장한다며 비판했다.

생활과 유리된 지식을 감사히 여기고 생활의 지혜를 등한시하면 인간의 지능은 점점 기계화해 언어의 힘을 잃게 된다.

그런 지식이라면 인간은 '지식의 거인'이 될 컴퓨터를 당해낼 수 없다.

컴퓨터와 공생하기 위해서라도 생활에 뿌리내린 속담은 더없이 소중한 존재다.

새로운 속담을 만드는 일은 자연과학의 발견에 견주어 뒤지지 않는 지적 업적이라는 인식은 아주 귀중하다.

'듣고 말하기', '읽고 쓰기' 생활

눈의 언어는 읽기 중심이다. 쓰는 것은 둘째도 아니고 셋째도 아니다. 어쨌든 쓰기도 필요하다는 정도로 인식한다.

쓰기에는 읽는 법의 몇 분의 일 정도 노력도 하지 않는다. 실제로 성인이 되고 나서 독서를 즐기지만 학교에서 문장 쓰기는 두려워하는 사람이 있을 정도다.

언어는 학습 지도 요령이 내세우는 읽기, 쓰기, 듣기, 말하기의 네 가지 기능을 내포해야 마땅하지만, 근대 사람들에게 도무지 그런 것을 바랄 수 없다. 네 가지 기능은 하나하나 제각각 고립되어 있다.

근대 사회에 태어난 사람은 언어 활동이 분열되고 혼란스러운 상태라는 사실을 생각하지 않는다. 별개의 말이 양립되어 있다고 생각하며 의심하지 않는다.

생각해보면 읽기, 쓰기, 듣기, 말하기의 순서 자체가 이상하다.

이미 말했듯 '첫 말'은 듣는 말이다. 다음으로 말하기를 익힌다. 그리고 일단락된다.

학교에 들어가면 그런 것은 다 잊었다는 듯 문자를 읽는 데만 몰두한다. 지금까지와는 전혀 다르게 머리를 써야 하니 아이들은 당혹스러워하는 게 당연하다. 언어 공부는 전혀 재미가 없다. 마지못해 학습하니 좀체 늘지 않는다.

읽는 데 고생하는 동안 듣기와 말하기의 언어를 대부분 잊어버린다. 그때까지 한 적도 없는 글자를 쓰고 문장을 만드는 등의 일은 의식에 없다고 말해도 될 정도다.

일부 특이한 교사가 작문 교육에 힘을 쏟으며 작문 대회에서 입상하는 학생을 길러내지만 소년소녀 문장가가 문필로 이름을 떨치는 일은 오히려 적다. 듣고 말하기의 언어와 결부된 문장이 적기 때문이다.

학교 교육을 받는 동안 언어에 관해 저마다 선입견이 생긴다.

첫째가 읽는 언어, 다음으로 쓰는 언어다. 듣고 말하기는 공부에 들어가지 않는다고 생각한다. 이 순서는 자연의 서열인 '듣기, 말하기, 읽기, 쓰기'와 거의 반대다.

그런 사실을 알지 못한 채 가르치고 배워온 나날이 근대다. 잘못되었다고는 할 수 없을지 모르지만, 자연의 발달 단계에서 벗어난 것은 자명하다.

왜 지금까지 바로 잡으려는 움직임이 없었을까. 수수께끼지만, 언어를 소중히 하는 마음이 충분하지 않았다고밖에 볼 수 없다.

언어를 넷으로 쪼개 따로 습득하는 것은 전문과 분과를 긍정하는 근대에서 오히려 뛰어난 방법이었는지도 모른다.

그리고 일부분에 특화해 '작은 언어'가 힘을 가지면서 읽기 중심의 문화가 발달했다.

이것이 문화와 인간의 발달에서 반드시 바람직한 일만은 아니라는 반성이 아직도 충분하지 않다. 근대 사회의 활력이 떨어지는 이유 중 하나가 '작은 언어' 신앙 때문은 아닌가 생각한다.

어느 정도 언어 처리에 능한 컴퓨터가 등장해 인간의 지분을 빼앗으려는 현대에 이렇게 분화한 '작은 언어'의 한계를 생각하는 것은 당연한 일이다.

컴퓨터가 적어도 지금 단계에서 조작할 수 있는 것은 '작은 언어' 중 일부다. 그 분야에서 인간은 이미 컴퓨터에 졌다.

이런 의미에서 봐도 지금까지의 '작은 언어'라는 주의(主義)에서 탈피해 전체가 균형 잡힌 '큰 언어'를 통해 새로운 문화를 창출해야 한다.

이런 점에서 보면 라디오와 TV에 나오는 말도 일방적으로 언어를 흘려보내는 '작은 언어'의 미디어다. 시청자 쪽이 '작은 언어'의 세계에서 나오지 못하는 것은 어쩔 수 없다.

역시 진정한 '큰 언어'를 실현하는 주체는 일상생활을 보내는 보통 사람인 셈이다.

생활의 장에서는 '듣기, 말하기, 읽기, 쓰기'가 모두 제자리를 가지고 있다.

사람과 교류하며 만나고 이야기한다. 용건이 없어도 만나서 수다를 떨며 즐거운 한때를 보낸다. 이러한 과정이 인간적 성장으로 이어지는 것이 성숙한 사회다.

이렇다 할 실용 가치가 없더라도 신문을 읽고 잡지를 읽는다. 게다가 멀리 있는 것을 구해서 책을 읽는다.

옛사람이 책밖에 읽을 것이 없었다는 점을 고려하더라도 현대인은 상당히 큰 언어로 살아가고 있다고 말할 수 있다.

편리하다고 해서 뭐든 전화나 메일로 끝내는 것은 천박하다. 천천히 편지나 엽서를 쓰면서 우리는 자신의 언어가 지닌 세계를 크게 넓힐 수 있다.

사고력의 원천

끝나버린 일을 글로 남겨서 무엇 하나. 이렇게 말하며 일기를 쓰지 않는 사람이 있는데, 문자로 표현함으로써 지난 하루가 자신에게 역사로 남는다는 점을 생각하면 일기를 쓰고 싶지 않을까.

그렇다고 해서 일기를 쓰고 득의양양하게 구는 것도 유치하다. 일기는 과거형이다. 편중되기 마련이다.

이를 보완하기 위해 매일 예성표 같은 것을 만드는데, 하나의 지혜다.

미래형으로 말을 쓸 수 있다. 새로운 생활과 새로운 생각도 거기서부터 생겨난다.

일기는 밤에 쓰지만 예정은 아침의 머리로 세운다. 아침에 생각하는 행위는 발견과 창조를 숨기고 있기에 재미있다. 생각대로 흘러가지 않는 일이 많겠지만, 이것이 또 다른 의미로 생활을 풍요롭게 만들기도 한다.

수다를 떨 수 있는 대상은 가까이에 있는 사람으로 한정된다. 자연스럽게 언어는 작아지지만, 가끔 멀리 있는 지인이나 친구, 인연이 있는 사람에게 편지를 보내는 것도 즐겁다.

친구 중에서도 멀리 있는 친구가 좋다. 《논어》에 "벗이 있어 먼 곳에서 오면 또한 즐겁지 아니한가"라는 말이 있는데, 멀리 있는 친구가 나의 인생을 크게 해준다는 사실을 오늘날 사람들은 알지 못하는 듯하다.

전화로는 전할 수 없는 말을 편지로 전할 수 있다는 사실을 아는 것은 '큰 언어'로 들어가는 입구다.

언어의 힘을 믿는 사람은 '듣고 말하기'의 언어가 품고 있는 생각이 '읽고 쓰기'의 언어가 갖고 있는 생각과 매우 다르다는 사실을 분명하게 깨닫는다.

듣고 말하는 언어는 너무나도 얕고 정서적인 존재로 인식되는 한편, 사물을 생각할 줄 아는 사람은 지적인 예리함을 가지고 있으며 읽고 쓰는 언어는 책 속의 언어에 조금도 뒤처지지 않는다.

듣는 언어, 말하는 언어, 읽는 언어, 쓰는 언어. 이것을 따로따로 나눈 탓에 언어의 힘이 얼마나 약해졌는지 모른다.

이것을 각자 생활 속에서 잘 결속시킬 수 있다면 언어는 진정으로 인간과 같은 수준으로 커진다. 언어 자체도 바라고 있을 것이다.

시중주는 독주와 다른 맛이 있다.

사고력의 원천이라고 말할 수 있다.

눈과 머리로 생각하는 것이 아니다. 귀로 판단하고 입으로 정리해 사고로 연결 짓는 것이 새로운 앎의 방법이다.

경청의 인문학

1판 1쇄 인쇄 2019년 3월 19일
1판 1쇄 발행 2019년 3월 25일

지은이 도야마 시게히코
옮긴이 신희원
발행인 허윤형
펴낸곳 (주)황소미디어그룹
주소 서울시 마포구 양화로26, 704호(합정동, KCC엠파이어리버)
전화 02 334 0173 **팩스** 02 334 0174
홈페이지 www.hwangsobooks.co.kr
인스타그램 @hwangsobooks
출판등록 2009년 3월 20일 (신고번호 제 313-2009-54호)

한국어판 ⓒ (주)황소미디어그룹, 2019. Printed in Seoul, Korea.

ISBN 979-11-963699-6-5 (03300)